当代高校辅导员工作及大学生成长成才研究

李　丽◎著

文化发展出版社
Cultural Development Press
·北京·

图书在版编目（CIP）数据

当代高校辅导员工作及大学生成长成才研究 / 李丽著. — 北京 : 文化发展出版社, 2023.12
ISBN 978-7-5142-4230-0

Ⅰ. ①当… Ⅱ. ①李… Ⅲ. ①高等学校－辅导员－工作－研究②大学生－人才成长－研究 Ⅳ. ① G645.1 ② G645.5

中国国家版本馆 CIP 数据核字 (2024) 第 016138 号

当代高校辅导员工作及大学生成长成才研究

李 丽 著

出 版 人：宋 娜
责任编辑：任秀颖　　　　责任校对：岳智勇
责任印制：邓辉明　　　　封面设计：守正文化
出版发行：文化发展出版社（北京市翠微路 2 号 邮编：100036）
网　　址：www.wenhuafazhan.com
经　　销：全国新华书店
印　　刷：天津和萱印刷有限公司

开　　本：710mm × 1000mm　1/16
字　　数：210 千字
印　　张：10.5
版　　次：2024 年 5 月第 1 版
印　　次：2024 年 5 月第 1 次印刷

定　　价：72.00 元
I S B N：978-7-5142-4230-0

◆ 如有印装质量问题，请电话联系：010-58484999

前　言

随着中国高等教育的快速发展和社会的不断变革，高校辅导员的工作在大学生成长与发展中扮演着至关重要的角色。本书旨在深入探讨高校辅导员的工作内容、职责和面临的挑战，以及他们对大学生成长成才的影响和作用。

高校辅导员的工作内容涵盖了多个领域。他们不仅负责学业辅导，帮助学生解决学习中的问题，还关注学生的心理健康状况，提供心理咨询和支持。此外，他们还帮助学生进行职业规划和对其进行就业指导，使他们找到适合自己的职业道路。高校辅导员通过与学生进行交流并对其进行指导，促进学生的全面成长，培养他们的领导能力、创新精神和社会责任感。此外，高校辅导员的工作与大学生成长成才密切相关。大学时期是学生成长的关键阶段，学生面临着各种学业和生活的挑战。高校辅导员通过与学生进行互动并对其进行辅导，帮助他们形成积极的学习态度和养成良好的学习习惯，培养他们的创新思维和解决问题的能力。高校辅导员还通过职业规划和就业指导，引导学生了解自己的兴趣和优势，为未来的职业发展做好准备。基于此，本书紧紧围绕当代高校辅导员工作及大学生成长成才展开研究。

本书共五章。第一章为高校辅导员理论与制度沿革，主要内容为辅导员概论，包括辅导员的概念及其产生，以及我国辅导员制度沿革，包括初始阶段、初步形成阶段、迅速发展完善阶段、进一步健全和完善阶段；第二章为高校辅导员的角色与职责，主要介绍了高校辅导员的角色、高校辅导员的角色冲突、高校辅导员的职责等方面；第三章为高校辅导员工作方法分析，主要介绍了高校辅导员的工作方法、高校辅导员工作方法中存在的问题、高校辅导员工作方法创新途径；第四章为大学生成长成才概述，分别从两个方面进行论述，第一节介绍了大学生成长成才的基本内容与重要性，第二节论述了影响大学生成长成才的因素；第五章为高校辅导员在大学生成长成才中的作用分析，主要从五个方面进行了分析，分别是大学生思想的引导者、大学生学习的引领者、大学生心理的呵护者、大学生职业生涯规划的指导者、大学生就业的指导者。

在撰写本书的过程中，作者得到了许多专家学者的帮助与指导，参考了大量的学术文献，在此表示真诚的感谢。本书内容系统全面，论述条理清晰、深入浅出，但由于作者水平有限，书中难免会有疏漏之处，希望广大同行及时指正。

李丽

2023 年 4 月

目录

第一章　高校辅导员理论与制度沿革

本章为高校辅导员理论与制度沿革，主要介绍了辅导员的概念及其产生，以及我国辅导员制度沿革，包括初始阶段、初步形成阶段、迅速发展完善阶段、进一步健全和完善阶段。

第一节　辅导员概论

一、辅导员概念

（一）国内概念

《中国大百科全书·教育》中对辅导员的解释为，中国高等学校的基层政治工作干部，基本任务是对学生进行政治教育，做好学生的政治思想工作。

《简明思想政治教育辞典》对政治辅导员的解释为，高校党组织派到各年级做学生思想政治工作的基层干部。一般在120名左右学生中配备一名政治辅导员，根据工作需要和具体情况选拔政治觉悟高，作风正派，有一定理论水平和政治工作能力，热爱学生工作，有朝气，有干劲，年龄较轻，具有大学文化程度的教师、干部和高年级的学生担任（兼职）。政治辅导员的职责和任务是宣传马克思列宁主义、毛泽东思想和党的路线、方针政策，做好学生日常思想教育工作；关心学生的学习，解决学生思想问题；引导学生开展有益的课外活动；帮助学生正确处理和解决生活中的实际困难；发现和培养学生骨干，配合党团组织做好发展教育工作，参与和执行学生奖惩。

教育部制定的《普通高等学校辅导员队伍建设规定》指出：辅导员是“高等学校教师队伍和管理队伍的重要组成部分，具有教师和干部的双重身份。辅导员是开展大学生思想政治教育的骨干力量，是高校学生日常思想政治教育和管理工作的组织者、实施者和指导者。”按照党委的要求，辅导员要有目的性地举办思想政治教育活动。辅导员有多重身份，集思想政治教育工作者、高校德育教师和辅导咨询顾问等几个角色于一身。

以下六个方面是对高校辅导员的解释。

1. 思想政治教育工作者

成为“政治教育指导者”是辅导员制度建立初期对辅导员的身份希望，即在大学生政治教育方面，辅导员承担起“领路人”的责任。教育大学生树立正确的人生观、世界观和价值观，这是辅导员的重要工作内容，培育出一批有着崇高思想品质与良好道德修养的社会主义事业的传承者。

政治思想教育工作要求辅导员要完成三个任务：道德观念教育、思想观念教育、政治观念教育。为加强学生的思想政治教育，中共中央、国务院发出的《关于进一步加强和改进大学生思想政治教育的意见》中提出了四大项主要任务：以理想信念教育为核心，深入进行树立正确的世界观、人生观和价值观教育；以爱国主义教育为重点，深入进行弘扬和培育民族精神教育；以基本道德规范为基础，深入进行公民道德教育；以大学生全面发展为目标，深入进行素质教育。现阶段，辅导员还要在学生中倡导树立社会主义核心价值观。

辅导员需要整理多方面的教育资源，建立优良的思想政治教育机制，树立正确的思想政治教育工作要求，真正地把先进的思想、正确的政治观、高尚的道德情操内化为学生的思想政治素质，帮助学生自我教育、自我约束，并把理念转化为个人前进的强大动力，使其意识到自身要承担的社会责任、了解社会发展规律、关心国家的前途与命运，树立共产主义远大抱负，坚持在中国共产党领导下走中国特色社会主义道路。

2. 高校德育教师

大学生作为新时代的建设者，不仅要拥有聪明的头脑，还有拥有良好的思想品德。德育工作是我国高等教育学生工作的重要部分，辅导员作为高校德育教师，必须十分重视对学生思想道德品德的培养。

辅导员与学生朝夕相处，应严格要求自己，注重个人道德修养，为学生树立良好的榜样，对学生进行言传身教，引导学生养成良好的心理品质和自尊、自爱、自强、自律的优良品格。同时，不断参加文明修身、精神文明建设等活动，对学生进行文明教育，规范学生言行，陶冶学生情操。还要积极、正确地引导学生学会做人，不要片面强调优异的学习成绩，而忽视了学生的道德品质的培养，那些学生犯低级错误或触犯法律的事例告诫我们，德育工作任重而道远。需要引导学生珍惜生命，使学生提高适应社会的能力，做一个对国家和社会有益的人。

3. 学生事务服务者

辅导员的事务性工作非常繁杂，从学生注册、检查宿舍卫生，到组织学生参加校、系组织的各项工作和活动以及开展各项文娱、体育、社会实践活动等都与辅导员的工作职责息息相关。

在学习方面，辅导员要帮助大学生尽快适应大学生活，使其变被动的学习方式为主动的学习方式，端正学习态度，明确学习目标，提高学习效率，同时还要善于引导学生正确看待同学之间的学习竞争，建立健全激励机制，营造浓厚的学术氛围和良好的竞争氛围，为学生的学习创造良好的环境。

在生活方面，辅导员要使以学生为本的理念贯穿工作的各个环节，特别要积极地关注大学生中的"弱势群体"，了解生活上有困难、经济贫困的学生的家庭情况，在勤工助学及助学贷款方面为学生提供渠道，以安排好学生在校期间的学习和生活，解除他们的后顾之忧。心怀爱心，服务学生，最大限度地满足学生全面发展和成才的需要。

4. 辅导咨询顾问

辅导咨询顾问的角色主要是对学生提供心理咨询和职业生涯辅导服务。

大学阶段是学生人生观、价值观、道德观形成的关键时期，也是个体心理从充满矛盾逐渐走向成熟、独立的重要历程。大学生的心理尚未完全成熟，自我调节和自我控制的能力还比较弱。面对着学习、生活环境的巨大转换，人际交往圈子的改变，容易产生学习、生活压力，以及情感困惑，出现适应障碍和人际交往方面的困难，还会受到就业压力的影响。这些因素往往会造成大学生内心的矛盾冲突，造成其心理发展的不平衡，为其带来不适感、焦虑感、压抑感等消极的心理体验。长期压抑得不到及时、合理的疏导便可能演化为严重的心理问题，不利于学生的健康成长。辅导员要在日常工作中善于观察，及时发现学生的问题，对学生进行及时的心理疏导，并与心理健康咨询中心取得联系，评估学生心理状况，对其进行有效干预。

当前，我国大学生就业方式急剧转变，就业形势逐渐严峻，对大学生进行职业生涯规划指导成为辅导员工作的一项重要内容。辅导员要针对学生的实际情况，对其加强职业生涯规划理论教育，积极构建平台，使学生在正确、客观进行自我评估和分析外在环境的基础上，树立正确的目标，并拟定有效的策略，从而科学地制定职业生涯发展方案。

5. 班级（楼）的领导者和管理者

在我国高校的学生管理体系中，辅导员要管理一个固定的班级，学校的一个基层单位就是班级，学生的住宿地点是宿舍楼，这些都是高校组成的一部分，对班级或宿舍楼进行管束，是带班辅导员的工作内容。辅导员也要向班级或宿舍楼传达、实施学校的各项指令。

6. 国家和地方党政后备干部

我国高校的辅导员制度是高校为自身培养党政后备干部，并为国家和地方输送党政后备干部的重要途径。辅导员从性质上来说，不是以理论传授为工作的教师，而是大学生思想政治教育工作的骨干力量，是高校的基层政治干部。从逻辑上来说，辅导员是党政干部的一分子。从行政隶属关系上来讲，辅导员接受各二级学院党委副书记领导，同时也接受学生工作部的领导，是党政干部的基层分子。

（二）国外及其他地区概念

大学辅导员在欧美、日本等国家多被称为“counsellor”，他们对大学生进行专业的辅导咨询工作，都是一些有着丰富教学经验的教师。在美国，辅导员的工作内容分为三个重要组成部分，分别是心理辅导、职业辅导和社会化辅导。在通过训练之后，辅导员能够精通一些辅导项目，主要是通过辅导项目对学生开展一些个人或者团体的辅导工作，从而使学生掌握求职技巧，推动学生心理健康发展，指导学生应该如何做人做事。此外美国高校还通过兼职岗位的形式为学生提供学习辅导或住宿辅导等服务。辅导员分类有着非常细化的标准，包括兼职的学习辅导员、生活辅导员、住宿辅导员等，也包括全职的心理辅导员、职业辅导员等。

由此可见，我国的辅导员概念与国外有着明显的区别：第一，我国辅导员工作的重心在于对学生进行思想政治教育，这是由我国的社会主义基本国情决定的。而国外及其他地区辅导员的工作重心则在于教学外围的咨询服务。第二，我国辅导员需要管理学生宿舍卫生、宿舍文化、学生日常行为，国外则会将这些工作交给宿舍部来进行管理。第三，我国的辅导员主要以班级为单位进行学生事务的管理，国外辅导员是通过预约制度来进行管理的，需要辅导员的时候，学生可以向辅导中心提出预约。辅导中心会根据具体情况安排相应的辅导员进行个体辅导或团体辅导。第四，我国辅导员的工作方式是管理型的，国外及其他地区则是服务型的，只要有需要，辅导员可以对学生直接提供服务。但是，两者的工作本质上都是符合高等教育规律的，是根据各个国家和地区的不同国情制定的，目的都是给学生的成长提供更好的教育和辅导，从这一点来说两者是具有共同点的。

二、辅导员的产生

在美国，辅导员制度已有一百年左右的历史了，美国辅导员协会（ASCA）对辅导员工作有这样的解释，辅导咨询工作的出现导致了辅导员的产生，早期辅导咨询只包括教学外围的一些工作，但随着教学、课程等高等教育环节愈加完善，一些外围的改变跟不上这样的发展，这时高校需要有相应的心理辅导、学习辅导、职业辅导等外围工作，来及时为学生提供服务，满足学生的需求。所以，辅导员在高校的快速发展中诞生了。

1908 年，一位叫帕森斯的美国心理学家在波士顿建成了第一家辅导中心，这家辅导中心的主要工作是帮助青年去找到合适他们的工作，引导其去了解、认识自己的想法、能力以及兴趣等方面。因此在美国帕森斯被称为“辅导员之父”，辅导中心在美国也深受大家的喜爱与欢迎。此时，美国举办了一场关于“心理卫生”的活动，加速了辅导的繁荣兴盛。因此美国各地区都开展了关于辅导的运动，旨在顺应社会发展的需求。学校开始创设有关心理辅导的课程，并由学校的任课老师担任辅导员一职，负责心理辅导和职业辅导工作，在开展之初，任课老师的辅导工作内容只是与学生进行经验性谈话。之后，欧美等发达国家以及地区的高校设立了完善的辅导体系，因此学校心理辅导这项服务得到快速发展，辅导工作的地位渐渐提高，最终和学术教育成为相等的地位，在高等教育中成为不可或缺的一部分。为了帮助学生成长，及时给予学生咨询服务，各高校新设立了两个工作部门，分别是“学生人事服务处”“心理辅导中心”，并且由受过专业训练的辅导员做部门工作。因为高等教育与社会的快速发展和不断进步，辅导工作的主要内容是加快学生的多层次、多方面发展，不仅仅是对心理有问题的学生进行辅导。辅导的本质逐渐成为学校里的一项培育人才的工作，开始向学生的学习、生活和职业生涯等方面拓展。

1953 年，清华大学校长蒋南翔在清华大学首次建立了政治辅导员制度。同年，清华大学在向教育部等部门请示设置学生政治辅导员职位的报告中提出：“拟选学习成绩优良、觉悟较高的党团员担任辅导员……这些辅导员具有一定业务水平及其在学习上的模范作用，对开展工作是会有很大便利的。”随后，“双肩挑”（蒋南翔语，指同时承担思想政治工作与业务工作），即“两个肩膀挑担子”模式的政治辅导员制度在清华园诞生，清华大学也就成为我国现行辅导员制度的发祥地。①

---

① 张立兴．高校辅导员制度的沿革进程考察[J]．思想理论教育导刊，2009（4）：117–121．

为政治工作服务，加强学生对政治的学习是辅导员的主要工作内容。除此之外，辅导员还需要负责学生入学、在校生活、学生干部培养等工作。因为我国高等教育和高校各项事务的发展、分化，所以对辅导员的工作有了最新的要求，要求辅导员不仅要做好学生管理工作，还要将教育和管理两方面相结合，使其共同发展。近年来，学生就业压力不断增大，导致很多学生都出现了心理问题，因此高校开始加强对学生的职业以及心理辅导工作，各高校为了及时给予学生各方面的咨询辅导，纷纷开设“就业指导中心”“职业发展中心”“心理咨询中心”等部门，高校辅导员的工作内容开始涉及学生的各个方面。所以，在我国高校辅导员有多种角色，其不仅要在思想政治方面培育人才，还要承担管理、领导、服务育人的工作内容。

第二节 我国辅导员制度沿革

我国高校辅导员制度是为了适应高等教育目标，贯彻德、智、体、美、劳全面发展教育方针，促进高校健康、和谐、可持续发展而制定的。追本溯源，我国高校辅导员制度的形成过程可以划分为四个阶段。

一、我国高校辅导员制度的初始阶段（1949 年以前）

我国高校在学习苏联的先进经验基础上，建立了属于自己的辅导员制度，此制度是由开始的政治指导员制度慢慢转变过来的。1927 年，我国人民军队的政工领导制度就是政治指导员制度，这种制度是在国内革命斗争形势下，为了保证党对人民军队的绝对领导，毛泽东在三湾改编中建立的，就是在军队中设置军事首长和政治首长负责制，在团以上单位设立政治委员，连以上设立指导员。1933 年在江西瑞金，中国共产党创办了中国工农红军大学，其办学目的是培育有着高度政治觉悟、军事技术和指挥艺术的军事干部，以及有着铁的纪律、艰苦奋斗、英勇牺牲、顽强制胜的战斗作风的军事人才。1936 年，中国工农红军大学正式改为中国人民抗日红军大学，在 1937 年又改为中国人民抗日军事政治大学（简称抗日军政大学）。抗日军政大学设立了三个部门，分别是政治部、训练部、校务部。政治部又设有四科，分别是组织、宣传、训育、秘书，主要承担党的思想政治方面的工作。在学员大队中配备政治委员，在学员支队中配备政治协理员，在学员中队中配备政治指导员。政治指导员是领导教育教学工作的主力，主要负责基层中队学员的思想、学习、健康和生活等工作，在我国革命实践过程中，政治指导员制度逐渐发展为一套思想政治育人的模式。在1949年之前，我国高校辅导员制度已具雏形。

二、我国高校辅导员制度的初步形成阶段（1949—1976年）

中华人民共和国成立之后，党和政府管理并新建了很多高等院校，积极学习苏联在高校创建方面的模式，1950年，国家颁布了《高等学校暂行规定》，文件中的总纲第二条规定：在党委的直接领导下，高校的思想政治教育工作才能顺利进行，党委领导下的青年团负责具体指导学生的思想政治教育，主要是开展共产主义思想教育以及党的优良传统和爱国主义、国际共产主义等教育活动。1950年10月教育部发出《关于加强对学校政治思想教育的领导的指示》。1951年11月30日教务部批准的《关于全国工学院调整方案的报告》中就提出："设立专人担任各级政治辅导员，主持政治学习、思想改造工作。"1952年8月30日，中央教育部党组在向中央提交的《关于在高等学校试行政治工作制度的报告》中提出："在高等学校中建立政治工作制度，以加强政治领导，开展马克思列宁主义的思想建设，为全国高等教育建设事业打下坚强的政治基础。为了达到上述目的，全国高等学校在思想改造和组织清理以后，应有准备地在校内设立政治工作机构，其名称可称为政治辅导处。"不久，中共中央批复"选择若干所具备条件的学校进行重点试验，无条件者暂缓实行"。1952年10月28日教育部在《关于在高等学校有重点地试行政治工作制度的指示》中明确了政治辅导员的主要任务为："在政治辅导处主任领导下辅导一系或几系的学生政治学习和社会活动，组织推动教职员的政治理论学习和社会活动。"1953年4月3日，清华大学校长蒋南翔向高等教育部、人事部请示设立学生政治辅导员制度，即选拔思想政治觉悟高、业务素质好的高年级学生"半脱产"做学生的思想政治工作，并要求实行"双肩挑"。清华大学在全国率先尝试建立了政治辅导员制度，随后在全国高校逐步进行推广。1964年6月10日教育部发布的《关于加强高等学校政治工作和建立政治工作机构试点问题的报告》中提出："在教育部和直属高等学校设立政治部，规定高等学校政治部为校党委的工作机构，确定北大、清华为试点学校；提出在二三年内配齐班级的专职政工干部，编制为每一百名学生至少配备一人，其来源主要从高校优秀毕业生中选留。"1965年3月1日，教育部各直属高校陆续设立政治部，大力扩充思想政治工作队伍。同年，教育部制定并出台了《关于政治辅导员工作条例》，明确规定了政治辅导员的地位、作用及学生工作的范围。我国高校辅导员制度初步形成。

三、我国高校辅导员制度的迅速发展完善阶段（1977—1999 年）

1977 年开始，我国高等院校逐渐开始解放思想，整顿教学秩序，恢复和加强学校思想政治教育工作。1978 年，教育部颁发的《全国重点高等学校暂行工作条例》（试行草案）第一条明确指出为了加强对学生的思想政治教育，必须建立一支学生政治思想工作队伍，在一年级和二年级中设立辅导员，辅导员由党政干部、政治理论教师和青年教师中挑选出政治觉悟高、作风正派、服务群众，有一定政治工作经验的人担任，定期轮换，辅导员一般半脱产，既从事思想政治工作，又担任业务工作。高校辅导员队伍再次建立起来，但大多由业余教师担任。1980 年 4 月教育部、共青团中央发出《关于加强高等学校学生思想政治工作的意见》中明确要求要努力建立一支坚强而有战斗力的政治工作队伍。政治工作队伍不仅由专职的、兼职的政工干部组成，业余教师特别是马列主义政治理论课教师也要做学生思想政治工作。辅导员应从政治业务好的毕业生中选留或从教师中选任，学校领导要从政治上、业务上关心他们的成长，明确其既是政工队伍的一部分，又是师资队伍的一部分，并在职称等方面与其他业务教师有同等待遇。1981 年 7 月，教育部在《高等学校学生思想政治工作暂行规定》中提出做好学生思想政治工作，需要一支又红又专、专职与兼职相结合的队伍，要选拔政治觉悟高、作风好、具有一定思想理论水平及政治工作能力的具有大学文化程度的干部、教师和高年级学生从事思想政治工作。1981 年 8 月教育部在全国学校思想政治教育会议上指出学校政工干部同教师一样，都是教育工作者，都是学生的老师，他们同样担当得起人类灵魂工程师的光荣称号。1983 年，教育部在总结中华人民共和国成立以来学生思想政治工作经验与教训的基础上，根据新形势下学生思想政治工作队伍存在的数量较少、思想波动较大、业务能力较弱等特点，提出要通过各种措施大力加强思想政治工作队伍理论化水平。1984 年 4 月，教育部决定在部分高校设置思想政治教育专业，系统化、理论化培养专职思想政治工作人才。此后，南开大学等 12 所高校开始招收本科生，清华大学等 7 所高校开始招收第二学位学生，积极探索新型培育政工干部的模式。1986 年，全国已有清华大学、复旦大学、南开大学、武汉大学、浙江大学、华东师范大学、西安交通大学等三十几所高等学校设置思想政治教育专业。不少政治辅导员和共青团、团总骨干通过正规化、系统化理论学习，毕业后返回学校，成为学生思想政治工作的主力军。

1986 年出现了一些对我国发展不利的现象，包括学生缺少理想信念，不再有之前高涨的学习兴趣，个人主义意识开始强化，学习国外资产阶级思想，为了逆转这一局面，中共中央于 1987 年 5 月 29 日印发《关于改进和加强高等学校思想政治工作的决定》，文件中提到从高等学校长远建设出发，要培养和造就一批思想政治教育的专家、教授和理论家。除了积极提高现有人员的水平外，要抓紧选拔新的人才。今后选拔专职思想政治工作人员，除了选拔那些政治品质好，有较强的马克思主义理论和政策水平，较广博的科学文化知识，较强的组织活动能力外，一定要舍得将一些优秀教师、品学兼优的毕业生和研究生选拔到思想政治工作队伍中来。这一决策彻底地解释了此时期学生思想价值观念的变化，为了强化、完善这种思想政治，有目的性地提出了详细的举措，如引导思想政治工作者找到未来的职业道路方向，加强管理一些思想政治工作人员的任职资格，另外，整体地探究了政治工作队伍的专职和兼职情况：要求一个班级要配齐政治辅导员或班主任、指导老师。在原则上这类人员应是兼职，所以很少是专职的。实行兼职采用“双肩挑”这一方法，且定期轮换，期满之后可以从事本专业教学，也可以继续做思想政治工作，之后可以升为党政干部。国家教育委员会颁布的《选配品学兼优的应届毕业生充实高等学校思想政治工作队伍的通知》《在高等学校学生思想政治教育专职人员中聘任教师职务的实施意见》扩大了思想政治教育工作队伍，推动了政治辅导员的政治地位的提高。

1987 年，中共中央颁布了《关于改进和加强高等学校思想政治工作的决定》，文件详细指出：“高等学校的思想政治工作队伍应由精干的专职人员与较多的兼职人员组成。”“从事学生思想政治工作的专职人员，是教师队伍的组成部分，应列入教师编制，实行教师职务聘任制”，“兼职人员从事思想政治工作的成绩应作为表扬奖励和晋升职务的重要依据之一，在他们工作一段时间后还要酌情给予一定的脱产进修时间。”同年，教育部又发布了《关于加强党务和思想政治工作队伍建设的若干意见》，推动了我国高校辅导员队伍的快速发展。这些文件内容给予了辅导员的职业化发展最详细的政策解释。

1989 年 6 月，党的十三届四中全会之后，中共中央进一步总结东欧剧变、苏联解体的惨痛教训，及时纠正弱化、淡化大学生思想教育的错误倾向，切实采取有力措施进一步加强大学生思想政治教育的领导。1990 年和 1993 年分别下发了《关于加强高校党的建设的若干意见》《关于新形势下加强和改进高等学校党的建设和思想政治工作的若干意见》《中国教育改革和发展纲要》等文件，明确要求进一步加强和改进高校学生思想政治教育工作。1994年，中共中央、国务院召开第二次全国教育工作会议，会后印发《中共中央关于进一步加强和改进学校德育工作的若干意见》，明确提出："要完善德育队伍的专业职务系列，为他们解决好专业职务、待遇等方面的问题。要制定政策，保证德育工作骨干能够不断地得到进修提高。"要积极支持和发展"双肩挑"的制度。1999年党中央、国务院召开第三次全国教育工作会议，印发《中共中央关于加强和改进思想政治工作的若干意见》，强调："按照提高素质、优化结构、相对稳定的要求，建设一支政治强、业务精、作风正的思想政治工作队伍"，明确指出"对思想政治工作者要注意关心和培养，帮助他们提高思想政治素质和业务能力，对做出突出成绩的要给予表彰和奖励"。在此期间，部分高校开始尝试在教师和党员研究生、高年级学生中选拔配备班主任、辅导员和导师。一些具备一定条件的高校采取了工作保研的形式加强辅导员队伍建设。这一阶段中共中央逐步认识到高校辅导员在培养社会主义合格建设者和可靠接班人中的重要意义，对辅导员队伍建设的重视程度不断加深，辅导员建设力度不断加大，从政策规定、体制、机制方面进一步加强了辅导员队伍建设。辅导员制度进入迅速发展完善阶段。

四、我国高校辅导员制度进一步健全和完善阶段（2000年至今）

21世纪社会主义市场经济体制的深化改革，多样的价值观念，复杂又多变的经济利益，迅速发展的互联网科技，以及国外新思想的涌入，影响了大学生的思想。因此大学生的思想政治教育工作得到了党和国家越来越多的关注。2000年7月，中共教育部党组发布了《关于进一步加强高等学校学生思想政治工作队伍建设的若干意见》，要求抓紧建设学生思想政治教育队伍，并说明了其迫切性。文件提出："高等学校学生思想政治工作队伍建设，要坚持德才兼备的原则和专兼结合的原则，选拔政治素质和思想作风好，学历层次高，具有较强组织管理能力，善于做群众工作的教师或高年级党员学生担任学生思想政治工作人员。""高等学校学生思想政治工作人员包括专职人员和兼职人员。专职学生思想政治工作人员系学校专职从事和负责学生思想政治教育工作的人员，包括学校分管学生思想政治教育工作的党委副书记，学生工作部（处）从事学生思想政治教育工作的人员，院（系）党总支负责学生思想政治教育工作的副书记、团总支书记，学生政治辅导员等。""根据各高校的经验和实际工作的需要，影响较大、稳定工作任务较重的高校，原则上可按1∶120～1∶150的比例配备专职学生思想政治工作人员。”“专职学生思想政治工作人员工作四年左右后，学校要有目的、有计划地安排他们一定时间的脱产、半脱产或在职培训进修。”2004 年 8 月中共中央、国务院颁布了《关于进一步加强和改进大学生思想政治教育的意见》。关于大学生思想政治教育工作的重要性和实施举措，文件有详细的解释，并清楚地规定，学校党政干部和共青团干部，思想政治理论课和哲学社会科学教师，辅导员和班主任是大学生思想政治教育工作队伍的主体。在思想政治教育方面，从实际出发，处理教师职务聘任中出现的各种问题。落实到具体的方法上，建设一支高水平的辅导员、班主任队伍，在政策和待遇方面给予适当倾斜和优惠，要从政治上、工作上、生活上去关注他们。2005 年 1 月，教育部发布了《关于加强高等学校辅导员、班主任队伍建设的意见》，文件指出：“辅导员、班主任是高等学校教师队伍的重要组成部分，是高等学校从事德育工作，开展大学生思想政治教育的骨干力量，是大学生健康成长的指导者和引路人。加强辅导员、班主任队伍建设，是加强和改进大学生思想政治教育和维护高校稳定的重要组织保证和有效机制。”“高等学校要根据实际工作需要，科学合理地配备足够数量的辅导员和班主任。专职辅导员总体上按 1∶200 的比例配备，保证每个院（系）的每个年级都有一定数量的专职辅导员。”“辅导员、班主任工作在大学生思想政治教育的第一线，在思想、学习和生活等方面负有指导学生、关心学生的职责，要按照党委的部署有针对性地开展思想政治教育。”2005 年 1 月 17 日在全国加强和改进大学生思想政治教育工作会议上，胡锦涛同志再次说明了构建一支高质量的辅导员队伍的重要性，尤其是在大学生思想政治教育上。2006 年 4 月 27～28 日，教育部在上海召开了全国高校辅导员队伍建设工作会议，详细介绍了辅导员的角色身份、工作内容和素养要求，说明了辅导员可以“双线晋升”教师专业技术职务和行政职务，有着“双重”身份，在待遇上不能低于专业教师的平均水平，阐明了高校辅导员工作的重要性，表现了党和国家在高校辅导员工作上的高度重视。2006 年教育部发布了《普通高等学校辅导员队伍建设规定》。文件中有了更明确的要求和规定，包括高校辅导员队伍建设要求，职责的分配，以及考核和管理、领导。这是 21 世纪高校政治辅导员队伍建设的纲领性文件，极大地提升了高校辅导员队伍的地位，标志着我国高校辅导员队伍建设已经逐步向规范化、制度化、职业化、专业化方向发展。

第二章　高校辅导员的角色与职责

本章内容为高校辅导员的角色与职责，主要介绍了高校辅导员的角色、高校辅导员的角色冲突、高校辅导员的职责等方面。

第一节　高校辅导员的角色

在实践过程中，因为受到各种原因的影响，辅导员的身份有了不恰当的转移，导致辅导员的工作内容模糊，以及自身的责任、权力、地位和义务不明确，因此为了能够成功开展辅导员的工作，必须理清辅导员的身份以及职责划分。

一、思想政治教育的管理者

大学生的思想教育工作主要由辅导员管理和领导，且做好大学生思想政治教育工作是辅导员的首要任务。辅导员需要有针对性地对大学生进行理想信念教育，世界观、人生观和价值观教育，还有形势政策教育，从而指导学生形成正确的人生态度、人生目标和价值取向。当前，随着我国政治、经济体制改革的不断深入，社会生活和思想文化领域都发生了深刻的变化，使大学生的思想在不同程度上受到了社会环境的影响和冲击。高校的思想政治教育工作不但没有削弱，还对辅导员工作提出了更高的要求。从大的方面来讲，辅导员除了要具备扎实的政治素质和理论水平，还要懂得运用马克思主义基本原理、基本观点和方法去引导大学生认识世界，正确观察事物，提高政治鉴别力和敏感性。从小的方面来讲，辅导员应激励学生的学习兴趣，培养学生骨干力量，成立学生党支部以及领导班委会的建成，一步步提高学生的思想政治素养。在平时，还要了解学生关注的新闻、热点，关注可能出现的矛盾，第一时间去化解，对突发的事件要及时处理，掌握学生的思想政治教育方面的情况，做好维持校园安全和稳定的工作。

二、精神的良师

大学阶段是大学生社会化、成人化的关键时期，大学生大多或远离父母，或身在异乡，从入学之初一直到毕业离校之际，辅导员都是与大学生直接接触、交往最多的老师。辅导员要肩负着传承社会文化价值与标准的任务，通过潜移默化、言传身教，引导大学生养成良好的心理品质和自尊、自爱、自律、自强的优良品格。辅导员要开展法制教育、文明修身教育，规范大学生的言行，陶冶大学生的情操，引导大学生学会做人。辅导员需要用自己的知识、经验和感悟去引导学生思考，使其参与共同探讨，激发大学生的潜能，共同解决学习、思想、生活问题。辅导员对于职业、学习、社会现实的态度和行为方式，都会成为学生的榜样。因此，辅导员更需要注重自身的道德修养，才能正确引导大学生的健康成长，成为他们人生发展道路上的良师。

三、大学生的益友

辅导员既是大学生的良师，也要做他们的益友。过去的辅导员更侧重于管理，总是给学生造成一种高高在上的权威形象，这会使师生之间形成一条难以逾越的鸿沟，不利于师生之间的有效沟通。新时期的教育理念提倡以学生为本，辅导员的工作应该贴近学生、亲近学生，与学生建立起可靠的信任关系，关心学生的学习、生活，为学生办实事，解决实际问题。首先，在观念上要尊重学生，一切以学生的利益为出发点。大学生渴望得到尊重与爱，渴望得到认可和赞许。辅导员应该摆在与大学生平等的地位上，尊重他们，与他们平等交往，赢得他们的信任和尊重。这样，师生之间才能敞开心扉对话。其次，注重细节，感动学生，建立友谊。辅导员要经常主动地深入学生班级和宿舍，了解学生的实际情况，听大学生倾诉学习、生活中存在的困难，注意细节，真诚关怀学生，学生自然会与辅导员成为无话不谈的朋友。这样不论是辅导员开展工作还是学生寻求帮助都能做到交流畅通、高速有效。最后，应从行动上解决实际问题。当学生遇到困难时，辅导员要充分发挥自己的能力，帮助学生解决感情、心理、学习、经济、生活等方面的实际问题。

四、职业生涯辅导规划者

在进入社会前，大学生要规划好大学生涯，这在未来职业发展的方向上起着重要的作用，是一个非常重要的环节。关于大学生的职业生涯，辅导员要开展就业指导，引导大学生树立正确的就业观，为学生提供有效的就业信息与优良的就业平台，这对于辅导员来说是一个非常大的工程，辅导内容要重点包含以下几个方面，分别是职业生涯规划教育、就业观指导、增强学生择业能力和对学生进行就业技巧训练。从学生进校开始，辅导员就要为学生详细讲述本专业的特质，引导大学生制定一个关于大学四年生活和学习的规划，使其为未来的职业做好打算，让其意识到所学专业与未来职业的关系是息息相关的。在大二时，要求学生学好专业知识，使其为之后的职业奠定好专业知识基础，掌握各个学生的专业、兴趣和性格等，了解其匹配的相关程度，组成一个适合学生发展的知识结构，并指导学生树立正确的就业观和形成职业道德素养。大三时，举办各种活动，并引导学生积极参加，在各种活动中，培养学生的职业技能和专业素质，为就业打好基础。在大学最后一年里，最重要的是为大学生提供就业方面的帮助，使其了解、掌握最近的就业形势和政策，积极给予学生优质的就业信息，在就业技巧方面对大学生进行培训，指导学生搜集各行各业的就业信息，早日找到自己满意的工作。

五、心理健康培育者

《教育部关于加强普通高等学校大学生心理健康教育工作的意见》由教育部发布，文件中重点提出，加强大学生心理健康教育工作是新形势下全面贯彻党的教育方针、实施素质教育的重要举措，是促进大学生全面发展的重要途径和手段，是高等学校德育工作的重要组成部分。同时，在大学生心理健康教育工作中，辅导员有着重要的领导责任。大学生需要有一个健全人格，拥有一个健全人格的基本要求就是要有健康的心理，它是实现大学生人生理想和达到成才目标的保证。大学阶段是人生观、价值观、道德观形成的关键期，也是个体心理从矛盾走向成熟、独立的重要阶段。大学生的心理问题主要集中在学习、情感、人际关系、就业压力等几个方面。辅导员是大学生心理健康的培育者，又是与大学生接触最多的老师，在日常生活中，要及时了解大学生的心理状况，及时发现其心理问题，帮助学生疏通他们的心理障碍、心理困惑、心理冲突，防患于未然。辅导员还应做好心理健康教育宣传，开展多种多样的心理健康教育活动，让大学生在活动中获得对健康的感悟和自信，学会自我教育，学会自我疏导，正确看待自身的问题，正确对待和解决问题。同时，辅导员还要具有一定的心理知识，参加相关的心理培训，掌握一定的谈话技巧，科学地进行心理辅导，以达到正确处理学生心理问题的目的。

六、校园文化的促进者和创造者

在高校的校园文化活动中，辅导员发挥着不可替代的作用。辅导员除了处理学生日常烦琐事务外，也参与到了丰富多彩的校园文化活动中，是校园文化的组织者和创造者，丰富着学生的课余生活。通过校园文化教育和引导青年成长成才，促进大学生素质与能力的提高。

第二节　高校辅导员的角色冲突

一、角色冲突的类型

角色冲突的概念是，在生活中，一个人在同一时间饰演了多个角色，而引起角色与角色之间产生纠纷，或者饰演角色的要求不一致，而引起各个角色内部发生一些争论的情况。在现实中，角色冲突有多种状态，并不仅仅是只有一种，以下是角色冲突的几种类型。

（一）角色间冲突

辅导员扮演着教育者、管理者和服务者等角色，角色与角色之间可能会产生一些争论、冲突。

相对于专业的任课教师，辅导员承担了更多的管理职能，他们是高校学生日常管理工作的组织者和实施者，需要代表学校执行各项规章制度，代表着一定的权威，与学生的基本关系是支配与从属关系。然而作为一个教育者，又要以尊重学生、以学生为中心为教育的前提，需要尊重学生的主体性，尊重学生的思想和个性，当学生身心发展遇到障碍时，要给予学生情感和心理上的支持和帮助。当学校政策规定与学生意愿发生矛盾时，辅导员管理者和教育者的角色就会发生矛盾，引起角色之间的冲突。

（二）角色内冲突

辅导员的角色内冲突，既有由不同角色期望引起的，也有由辅导员职责的弥散和成绩的无形引发的，还有由角色责任的丰富和个人发展空间狭窄造成的，等等。

1. 不同角色期望引起的冲突

高校管理部门对辅导员的角色期望很难统一。校党委期望辅导员做好班级的党建工作，提高大学生的政治素质；教学管理部门期望辅导员的工作以教学为中心，保证各班级、专业各项教学工作的正常运转；学生工作部门对辅导员提出综合考核指标，期望辅导员成为工作的多面手；其他部门则要求辅导员能做好日常行为规范、基础文明、校风学风建设等。辅导员为了满足不同的角色期望，需要进行频繁的角色转换，因此不免顾此失彼，导致辅导员内心紧张和矛盾，陷入角色冲突之中。

2. 职责弥散性与成绩无形性之间的冲突

辅导员的工作职责无论在时间上还是在空间上都具有连续不断扩张的性质，具有“无边界性和不可预测性”的特征，导致了辅导员工作范围的不断扩张。但是辅导员的工作成果却是无形的，因为教育活动是一种群体性社会活动，传授知识和培养学生方面的成果很难衡量。

3. 角色责任和个人发展空间之间的冲突

在现有的体制下，辅导员工作面广，事务烦琐，负荷超载，隐性工作压力大，没有时间学习自己的专业知识，即使全身心投入工作也没有带来学识能力的显著提高，难以为将来职业发展搭建一个好的平台。这就使辅导员角色面临着两难的处境：一方面是学生工作事务繁杂难以脱身；另一方面是个人事业的发展阻碍重重。

二、解决角色冲突的途径

（一）明晰辅导员的职责地位

辅导员的角色特征一定要明确。在辅导员这个职业上，高校必须对其负责，要对辅导员有清晰的身份定位，高校要多方面了解辅导员这个职业，规范辅导员的工作标准和职责，让辅导员有自己的工作内容、方法和特点，能够顺着自己的思路来工作。从制度上来讲，要做好辅导员的工作职责的划分，突破以块为主的局势，冲破传统对它的限制，确定以条线为主、化块为条的工作内容。学习国外辅导员的一些先进经验，根据辅导员所学专业来分配工作，将辅导员一一分配到教育、管理或服务工作岗位上，这样做可以加强辅导员队伍建设的专业化，还可以解决辅导员在工作中发生的一些角色冲突问题。

（二）提高辅导员的素质

角色冲突不仅涉及角色期望的影响，还涉及角色的扮演能力。辅导员的能力强，即使面对角色冲突也能够很好地进行精力分配，从而有效地解决复杂问题。因此，提高辅导员的素质，提高其职业技能，也是解决其角色冲突的有效方法。在辅导员队伍的准入方面，要根据现今高校发展的需要，选择高素质的具有坚实思想政治理论基础，又具有一定教育学、心理学专业背景的高校毕业生来担任辅导员。在辅导员培训方面，要不断完善其知识结构，使其不断提高思想政治工作与学生管理的水平，帮助辅导员根据时代特点和社会发展要求更新储备知识，还要创造条件对辅导员开展高层次的教育学、心理学、管理学、信息技术方面的知识培训，使其在职攻读相关专业的更高学位，不断提高自身素质，走职业化的发展道路。

（三）改变业绩考核模式

当前，多数高校选择以综合考察为主的方式对辅导员进行工作业绩方面的考核，但因为工作方式是以条线为主的，所以在对辅导员进行考核的时候，要求以条线为主的方式来进行分类的考核。服务、教育和管理除了在评价方式上不同，在工作业绩的时效性上也是不同的，在服务评价方面，重点是服务的态度和水平；在教育评价方面，重点是教育内容及其实施；而在管理评价方面，重点是管理的绩效。所以，在考核基层辅导员的时候，必须从实际出发，根据条线工作的模式来进行分类考核。

（四）归口管理的统一

辅导员的工作涉及学校的方方面面，受多个部门的领导，造成了在辅导员的管理上政令各出，执行不力，辅导员队伍建设的步调没有统一规划，工作标准尺度不一，处于各行其是等状态。学校应该设立专门的对全校辅导员进行领导的管理机构。该机构通过垂直管理，组织领导辅导员的培养和职业化建设方案的实施，同时负责对辅导员的日常管理、考核、任用、晋升进行有效管理。

（五）弱化管理者的角色，加强与学生沟通协调的角色

随着宏观环境的变化，大学生对辅导员管理职能的需要逐渐降低，辅导员应适应环境的变化，把过去的管理手段更多地转变为服务咨询辅导的方式，不断亲近与学生之间的关系，变原来的“刚性”方式为“柔性”方式。辅导员是学校与学生之间的纽带，要发挥好沟通桥梁的作用，学校与学生的利益关系本质是一致的，是相辅相成、相互促进的关系。辅导员既要让学校各级领导和管理部门更好地了解学生的发展需求与实际困难，又要让学生更多地了解学校的实际状况、理解学校工作的全局性与复杂性，做好上传下达，保持学校与学生之间的信息交流通畅，最终使得问题解决朝着双赢的局面发展。

（六）自我调适

积极的自我调适是解决辅导员角色冲突的有效方法。首先，辅导员应学会正确归因，肯定自己在工作中的成绩，同时也应看到自己的不足之处。有多种角色期望，就难以避免角色冲突的出现，要学会正确看待冲突，理清思绪，分清轻重缓急，不能眉毛胡子一把抓，要有条理、有步骤地解决问题。其次，要学会移情。当辅导员遇到难以解决的问题和有了难以释放的压力时，可以暂时把问题放在一边，转移注意力，去做一些自己喜欢和感兴趣的事情，从而缓解紧张和焦虑的情绪。

第三节　高校辅导员的职责

高校辅导员集教育、管理、服务职责于一身。随着我国市场经济制度的建立，知识经济初露端倪，在高等教育改革迅猛推进的形势下，明确高校辅导员的岗位职责是加强和改进大学生思想政治教育的当务之急。辅导员应遵循思想政治教育的客观规律和大学生成长规律，坚持社会主义办学方向，开展以思想政治教育为主要内容的学生工作，并从以教育为出发点的管理和服务各方面指导和促进大学生健康成长。

一、思想政治教育

（一）党团班委建设

1. 党团组织、班委概述

高校学生党团组织包括四类，分别是学生党组织、学生团组织、学生班团组织、学生会。学生党组织是在高校党委引导下建立的，是学生的基层党支部，主要任务是落实党的路线、方针、政策，培养信仰坚定、素质过硬、专业扎实的社会主义建设者和接班人。学生团组织特指学校和院系各级团委，是在高校党委领导下的先进青年学生的群体组织。学生班团组织专指班委会和团支部。学生会是指在高校党委领导下、团委指导下，在校大学生的群体组织。班委会作为高等院校的基层学生自治组织，由班级成员选举产生，接受班主任老师和上级学生组织的指导或领导，通常由班长、团支书、学习委员、组织委员、生活委员、宣传委员、文体委员等班团干部组成。

高校党团组织和班委是大学生思想政治教育的重要组织者、实践者，举办各种类型的教育培训活动，指导大学生进行自我教育、管理并对其进行服务等，为大学生的全面发展创造条件。

2. 党支部、团支部和班级的关系

学生党支部是核心。学生党支部对班级整体工作发挥全局性的引领作用。学生党支部的工作要注意做到位，防止功能的缺失，不能仅局限于收党费，要发展党员；不能越位，超出自己的功能范围而模糊了与团组织工作的界线。党支部要领导好班级和团支部的工作，为班级的整体规划和学生成长的思想做出重要的指导工作。

一场活动的主体是学生团支部。在学生党支部的领导下，学生团支部的工作内容是举行丰富多彩的活动来充实学生的校园生活，给予学生接触社会的机会。与此同时，团组织要承担起为党组织培育主力军的责任。

学校在进行各项工作时离不开班级的支持，班级是最基本的单位。班级在进行工作时，需要接受党支部的引导和领导，与团支部活动相互配合，才能确保学生顺利地学习和生活，及时解决好班级的各种事情。

党支部、团支部和班级三者关系密切。党支部这个核心非常重要，团支部和班级在开展活动时都需要它的指导，在进行一项活动时，团支部是重心，班级是基本。

3. 建设目标

党支部要认真做好党员的发展和培养工作，引导好大学生的思想方向，激发大学生树立共产主义的坚实信念和远大理想，提高大学生的政治素养和理论水平，这样才能成为学生群体的核心，具有影响力与战斗力。

团支部主要通过开展团员教育培养骨干，为党组织输送人才。团支部指导班级的社会实践、素质拓展、志愿服务等，提供大学生才艺展示的平台，提高大学生的综合素质。

班级则需要协助学校、院系完成相关的任务。要做好学风建设、寝室文化建设工作，开展丰富多彩的文体活动，致力于为大学生提供良好的成长环境和氛围，服务大学生的学习和生活。

（二）形势政策教育

《关于进一步加强和改进大学生思想政治教育的意见》指出："形势政策教育是思想政治教育的重要内容和途径。"国际、国内形势的深刻变化使大学生面临着大量西方文化思潮和价值观念的冲击，使其容易迷失自己的政治信仰和价值取向。形势政策教育针对大学生的思想特点和热点问题，帮助大学生认清国内外形势，教育和引导大学生全面、准确地理解党的基本路线、方针和政策，自觉抵制错误思想的侵袭。

形势政策教育要进行国情、党情、世情的教育，"要着重进行党的基本理论、基本路线、基本纲领和基本经验教育；进行我国改革开放和社会主义现代化建设的形势、任务和发展成就教育；进行党和国家重大方针政策、重大活动和重大改革措施教育；进行当前国际形势与国际关系的状况、发展趋势和我国的对外政策，世界重大事件及我国政府的原则立场教育；进行党的基本理论、基本路线、基本纲领和基本经验的教育"①。

在开展形势政策的教育工作中，热点问题同样也是需要关注的一部分。在当下，很多大学生都在关注热点问题。热点问题是指国际、国内形势因为受多种要素的影响忽然发生的变化。大学生在对基本形势进行了解和掌控时，可以关注热点问题，依靠对热点问题的讲述来深化对形势的理解，在这一过程中，大学生的思考、分析和判断能力要提高，对发生的一些热点问题要保持理性，认真考虑问题，断不能出现过激的情况。

在进行社会实践的时候，引入形势政策教育工作，吸引学生参加社会调查、考察、党团活动，举办多种类型的教育实践活动，提高大学生对社会热点的思维、思考能力，加强其对党的方针、政策、路线的了解。

（三）社会实践

大学生在校期间有目的、有计划、有组织地走向社会、深入实际等物质与精神活动过程的总称被称为社会实践活动。辅导员帮助高校学生在校外认识社会、服务社会等，这是一种良好的教育形式，能够加快学生在德、智、体等方面的发展。

---

① 张棣．辅导员角色的本质与优秀辅导员的五大标准[J]. 沈阳工程学院学报（社会科学版），2008（1）：136-138.

1. 理论宣讲

为了让教学实践进一步得到加强，最好的办法是开展理论宣讲活动。在暑假期间，大学生可以深入社区和基层，深化个人的社会实践活动，以党和国家方针政策为主题，结合时事的形势宣讲等，为基层农民进行法律知识传授，这都是进行理论宣讲的有效方法。

2. 专业学习

学生到和自己本专业相近的单位、公司进行学习就叫作专业实习。在实际工作过程中，专业实习可以帮助大学生在实践中运用所学的理论知识，巩固学习效果，在实践过程中，及时察觉自己的缺点，有针对性地进行查漏补缺，提高学习积极性，积极参与实习工作。

3. 军政训练

培养大学生身体素质、思想素质和政治素质的途径之一是进行军政训练。通过军政训练，使学生加强国防观念和国家安全意识，形成吃苦耐劳等作风。

4. 社会调查

在寒、暑假期间，大学生可以研究经济社会发展等关键问题，可以开展社会调查，有目标地去企业、农村等地区进行走访观察，相互交流，得出能够解决实际问题的建议，最终形成一种可以得出调研结果的社会实践调查。开展这种调查大学生可以提高处理问题的能力，开阔思维，了解社会出现的各种现象，以及能够树立正确的人生观和价值观，还可以加强大学生对国情等各方面的认识。

5. 生产劳动

大学生在为社会做贡献时，其中的生产劳动多数情况下是一种义务免费劳动，这可以加强大学生与社会、人民群众感情的密切联系，还可以用来培育大学生的劳动观和职业观。除此之外，还可以让大学生养成节俭的生活习惯，珍惜人民群众的劳动成果，让大学生能够全身心地为社会做贡献。

6. 社会服务

学生参加经过社会服务实践活动可以使其养成集体主义观念，加强学生之间的团结互助的感情，丰富大学生的社会经验，强化大学生的社会责任感。

7. 科技发明

科技发明旨在加快培养各个学生的科研能力和提高其对知识的应用能力，提高大学生的个人素养以及培育大学生的创新精神，让大学生为国家、社会的经济发展献出属于自己的那一份力量。

8. 参观学习

为了让学生做到理论与实际相结合，教育、生产活动相融合，组织学生参观学习是非常重要的一个办法，同时也是学生认识自我、锻炼思维方式、强化技能、加快人格品质的发展，进一步了解社会、国情、群众的重要路径。

二、日常管理

（一）入学教育

入学教育是大学生大学生活的起点，新生入学教育是学校根据培养目标和大学教育的特点、规律，针对学生在思想、学习、生活、心理等方面的变化和要求开展的一系列工作，是大学生日常管理的一个重要环节。

1. 爱校教育

爱校教育主要是以学校的发展目标、人才培养理念、人文精神凝聚学生，稳定学生思想，主要包括介绍学校的校史、现状、特色、成就、地位、发展目标等，使学生尽快熟悉学校的概况；组织学生参观校区的主要设施，如图书馆、运动场、教室、实验室及周边环境等。

2. 专业思想教育

大学生能够好好学习的一个重要条件是接受专业思想教育，其中重点包含邀请领导介绍本专业的课程教学、课程管理等；请专家介绍本专业就业状况、专业发展前景等；开展新老生经验学习交流活动，邀请学长学姐讲述本专业学习方法等。

3. 法规校纪教育

法规校纪教育是大学生在校正常学习和生活的制度保障，主要包括开展学风教育报告、法规校纪及安全教育报告；组织学生重点学习“校风校纪教育材料”和“学生违纪处分规定”；组织学生重点学习学籍管理、成绩考核、奖惩等有关规定；组织学生学习《学生手册》；组织学生学习《学生伤害事故处理办法》，加强安全教育，增强学生自我保护及防范意识。

4. 适应教育

适应教育是针对新生开展的一些经验性引导，主要包括生活适应指导，教会大学生独立安排自己的学习和生活；人际适应指导，引导学生正确处理同宿舍、班级成员及教师之间的关系；学习适应指导，帮助学生从被动学习向自主学习转变；角色适应指导，引导新生正确认识由于生活环境的转变对自我认知提出的挑战，帮助学生正确进行自我评价和自我认识。

5. 理想信念教育

辅导员要重视以下方面的工作：加强科学理论教育和党的相关知识教育，促进新生在思想上尽快成熟起来，推动学生工作的开展；加强思想道德素质教育，以报告会、班会讨论、征文等形式开展思想品德教育和爱国主义教育；邀请学校党政领导或有关专家为学生举办形势政策教育讲座等。

（二）学生管理

学校建立专门的部门，通过计划、组织等方式而实施的加速学生发展的种种措施被称为学生管理，它是学校用来培育人才的一个关键方法。高校设置学生管理部门，旨在指导和规范学生的学习、生活等行为，为其创建一个优质的学习、生活环境，积极提高学生对法制的认识和了解。

1. 奖励

精神奖励和物质奖励都属于奖励。精神奖励是指政府或学校建立的个人或集体荣誉称号。物质奖励包括奖学金和实物等物质方面的奖励。主要来源有国家、学校、企业等。奖励工作主要包括各类奖项的设立、评选、审核、表彰、宣传以及其他相关工作。奖励工作是激励和鼓舞学生健康成长的重要手段。

2. 违纪处分

违纪处分是按照学校有关规定，对违反国家法律或校纪校规的学生进行处分。处分的类别包括警告、严重警告、记过、留校察看、开除学籍。常见的学生违纪行为主要有旷课、考试作弊、损坏公物、扰乱校园秩序、偷窃财物、赌博、酗酒滋事、打架斗殴等。为创造良好的学习生活氛围，必须对上述违纪行为进行严肃处理。同时也应意识到处分不是目的，而是为了教育、帮助学生及时认识和纠正自身错误以及警示他人。在处分过程中，要把握好尺度，做到慎重和适当，不能轻视违纪行为，避重就轻，也不能过于苛责，不给学生任何改过的机会。

3. 宿舍管理

宿舍是大学生学习生活的主要场所，关系到很多学生的切身利益，加强学生宿舍的管理，才能为大学生营造更好的生活条件和学习氛围，优化大学生的成长环境。从目前来看，管理高校宿舍存在一些重难点问题，这些问题包括作息、卫生、用电安全和物品安全等。所以，在强化宿舍管控方面需要做好以下工作：引导学生具有管理能动性；相关规章制度要及时更改和制定；强化建设学生宿舍管理队伍；党员、学生干部、入党积极分子要主动承担宿舍方面的责任，以及做好积极的带头作用。

4. 关注弱势群体

对弱势群体应加倍关心。对残疾学生以及心理素质差、难以体现自我、有自卑心理或心理异于常人的弱势学生群体，辅导员要耐心、多次地引导、帮助他们。不但从学习上，还要从生活方面提供更多的建议和创造便利的条件。

（三）学生综合测评

学生综合测评主要是针对学生的思想道德修养、科学知识水平、学术科研能力、心理素质、身体健康状况及职业倾向等综合素质、个性能力做出正确的评价，帮助学生认识自我、设计自我、发展自我，促进学生全面素质的提高。目前，我国高校一般都是以德、智、体、美、劳等为基本指标，根据高校具体的引导方向，对发表论文、参加科研活动、担任学生干部、参加社会活动等情况制定加分指标，对受纪律处分、违反考勤等情况制定扣分指标。以基本指标为基础进行加分或扣分的综合评定。学生综合测评结果将成为学生今后奖励、评优、就业推荐和研究生免试推荐的重要参照物。

1. 思想品德

根据高校的培养目标和教育部印发的《高等学校学生行为准则》，可从以下几个方面来确定评价指标：在政治态度上，看学生是否关心国家大事，是否拥护党的路线、方针政策，思想上是否要求进步等；在公民意识上，看学生是否热爱国家，遵守国家法律法规；在学习态度上，看学生目的是否端正，有无旷课迟到现象；在自我修养上，看学生是否遵守社会公德、尊师有礼等；在集体观念上，看学生是否关心班集体，是否积极参加集体活动，热心为同学服务等。

2. 学业成绩

学业成绩是学生评价的重要内容。学习是学生的主要任务，成绩则主要由各门学科的课程成绩来体现。此外，学生参加学术科技活动所取得的成绩，发表论文的情况以及实践能力都应该成为评价的依据。

3. 文体表现

文体活动是校园文化活动的重要内容，是培养学生个性能力、提高综合素质的重要手段。学生参加各种文体活动所取得的成就与在活动中体现出来的参与、合作精神，是学生个性能力、品质的外在表现。

三、学生服务

西方发达国家的高等教育比较发达，教学管理服务体系相当完善，他们都为在校生提供了比较完善的服务支持体系，使每个学生都能根据自己的个性特点，学有所长，找到自我发展的方向。我国的高校改革首先要从思想上改变，不能一味地热衷于学科建设、科研成果、高校综合实力排名，而造成服务观念的严重缺失。要将“以人为本，以学生为中心”的服务理念渗透各个教育管理环节，认识学生服务的重要性和紧迫性，要改变以往重集体、轻个体的观念，把学生作为一个独立的人，尊重个体需求，为他们的发展服务，从而让学生快乐成长。

（一）心理健康教育

《教育部 卫生部 共青团中央关于进一步加强和改进大学生心理健康教育的意见》中明确提出了遵循思想政治教育和大学生心理发展规律，开展心理健康教育，做好心理咨询工作。心理健康教育的实质是把外在的教育要求内化为大学生的心理素质。要实现这一转化，只凭讲解、灌输等手段提高学生的认知水平是不够的，学生必须亲身参与实践活动，在活动中理解、体验、感悟，逐步产生心理定势，才能提高心理素质。在大学生中开展丰富多彩的心理健康教育活动，用一种喜闻乐见的方式，使学生在活动中获得理解、体验和感悟，能够有效地帮助大学生进行新的自我整合，提高他们的心理素质。

1. 开展心理健康筛查，建立大学生心理档案

高校通过心理健康筛查能够有效、快速地发现大学生群体中有可能存在心理问题的学生及评定其心理问题的特点和严重程度，对于心理问题较严重的学生，要进行约谈、跟踪、控制及提供咨询帮助，及早进行干预，防止校园危机事件的发生，维护大学生的心理健康。通过广泛的心理普查，了解大学生心理特点和类型，能够为开展学生工作提供科学的依据，有效提高工作效率，更好地为学生服务。建立完整的大学生心理档案可以为研究大学生心理规律、开展心理咨询和心理科研工作提供大量可靠的数据。

2. 开展心理健康教育宣传

高校可以开设心理健康的选修课或必修课，普及心理健康的基础知识，帮助大学生在理论知识上正确认识心理问题及心理健康的重要性。辅导员可以针对不同年级大学生的心理需求，邀请有关的专家和学者为学生举办具有针对性的讲座，通过互动交流为同学答疑解惑。辅导员还可以联合心理协会、朋辈中心、班级心理委员，举办心理宣传月（周）活动，印发有关心理健康的报纸、宣传册，创办心理网站，广泛宣传心理知识，提高大学生对自身心理的了解程度，让他们熟悉出现心理问题时的求助途径，为他们提供及时的帮助。

3. 开展心理咨询服务

心理咨询需要解决大学生中的一般心理问题和发展性问题，需要由受过咨询心理学专门训练并取得心理咨询师资格的专业人员运用心理学知识、理论和技术，针对来访者的需求和发展问题，通过协商、交谈、启发和指导过程，帮助来访者提高心理健康水平和生活质量。对于已经取得心理咨询师资格的辅导员，可以在学生中开展咨询服务，对于不具备资格的辅导员，应将学生心理问题咨询移交心理咨询中心进行。对于心理问题较严重的学生，应移交校医院进行心理干预和治疗。

4. 心理危机干预

心理危机是指当个体面临突然或重大生活逆境，如亲人死亡、婚姻破裂或天灾人祸等时所出现的心理失衡状态。对于大学生来说，比较常见的有就业危机、学习危机、情感危机等。危机干预又称危机介入、危机管理或危机调解，它是指对面临心理危机的个体采取迅速而有效的应对措施，给予其支持与帮助，使之恢复心理平衡。高校心理危机干预的最低目标是帮助学生克服危机，重建心理平衡；最高目标是提高学生的危机应对水平，使其更加成熟。高校的心理危机干预机制一般包括三个子系统：预警系统、应急系统和预后干预系统。

（二）大学生职业生涯辅导

大学生职业生涯辅导就是根据个人的生理、心理特点，同时考虑社会需要，把大学生求职这一特定阶段的任务放到整个生涯发展的背景中加以讨论，帮助学生进行深度的自我探索、职业定位，提升职业决策能力和职业素质，从而使他们能够科学规划自己的学习、生活和未来的职业选择，最终达到人与职业的最优结合和个人的全面发展。

辅导员主要是在意识、方法和信息三个方面给予学生帮助和指导。

1. 帮助学生建立职业生涯规划的意识

由于近年高等教育体制改革的深入和高校扩招，大学毕业生数量急剧增长，然而就业岗位增长缓慢，这使得高校毕业生就业形严峻。辅导员应在新生入学之初，就要帮助学生建立职业生涯规划的意识，让学生的职业生涯规划顺应社会需要和个人特质，扬长避短，充分开发个人的潜能，增多就业的机会，指导毕业生下基层，为祖国的发展贡献自己的力量，到国家需要的地方就业发展。

2. 掌握职业生涯规划的方法和技巧

辅导员的工作不仅是让学生解决眼下的择业问题，更重要的是使学生掌握解决个人职业发展问题的方法。辅导员应通过组织大学生多参与社会实践和社会实习，联合就业实践基地和校企进行合作，在实践中培养学生的学习能力、沟通能力、人际交往能力、团队合作能力、专业技术运用能力、领导才能和决策能力、德才兼备的综合能力等。针对学生在核心求职方面存在的薄弱环节，制定改进措施和办法，配合就业指导课和专业课教学，对学生加以培养。鼓励大学生多经历求职面试等过程，从而使其求职能力与技巧在该过程中得到提高和改进。

3. 提供相关的知识和信息

掌握就业信息是学生择业的前提，辅导员应做好这方面的信息提供工作，也可积极联系一些职业化、专业化水平较高的企业及人才中介咨询公司等参与学生的就业指导，也可以借助就业网、海报、布告栏、论坛、讲座、信息发布会、小册子等形式将就业信息告知学生。

（三）贫困学生资助与勤工助学

《关于进一步加强和改进大学生思想政治教育的意见》中指出，要加强对经济困难大学生的资助工作，以政府投入为主，多方筹措资金，不断完善资助政策和措施，形成以国家助学贷款为主体，包括助学奖学金、勤工助学基金、特殊困难补助和学费减免在内的助学体系，帮助经济困难大学生完成学业。要帮助大学生树立正确的就业观念，进一步建立健全大学生就业指导机构和就业信息服务系统，提供高效优质的就业创业服务。

辅导员在助学贷款中主要有以下作用：是学生申请国家助学贷款的见证人；深入全面了解贷款学生的家庭经济情况，做好资格确定、资料审查，确保贷款发放给经济困难的学生；做好学生的诚信教育；将学生的贷款申请告知学生家长或监护人；协助学校学生资助办公室做好学生还款工作。

学生利用课外的空闲时间，通过自己的辛苦劳动来换取合法报酬，被称为勤工助学。这是一种很典型的社会实践活动，用来改善学习、生活等方面的条件。在学校对学生资助的工作中，勤工助学是一个很重要的成分，是培养学生的综合素质和资助家庭经济困难学生的一个非常成功的路径。辅导员要鼓励贫困生在学习有余力的前提下，通过自己的诚实劳动，取得大学学习所需的费用，并与贫困生谈心，了解他们的实际情况，帮助他们克服自卑心理，缓解其精神压力，教导他们勇于克服困难，培养自强不息的奋斗精神。

四、其他

（一）网络行为管理

网络是一把双刃剑，它为大学生开辟了丰富多彩的空间，为学习和生活提供诸多便利，但是学生如果在互联网上花费太长的时间，会对身心健康产生非常不好的影响。所以，作为一名辅导员，要时刻关注大学生的网络行为，指导、管理大学生合理使用互联网，理性对待网络，养成健康的网络行为习惯。

1. 加强网络道德和法律教育

法律是网络技术运用的底线，辅导员要帮助大学生辨清在网络社会中由于主体的匿名隐形而导致的合法与非法、有罪与无罪等问题，维护自己的合法权益。同时还要教育学生提升自身的道德修养，培养良好的社会责任感，使伦理道德成为网络文明最坚实的深层依托。

2. 加强网络行为与心理教育

为了指导学生能够正确地使用互联网。可以通过专家讲座等活动形式，对学生进行恰当的网络意识教育，引导学生理性地使用互联网资源，充分地认识网络环境，树立对网络“虚拟社会”的正向观点。与此同时，限制学生上网的时间，加强学生的免疫力，使学生抵制网上的一些不良信息，为了防止网络心理障碍的发生，辅导员还要大力宣传网络心理健康教育。一些有心理障碍的学生要及时去看心理医生，一定不要在网上寻找安慰，如果学生产生了网络心理障碍，一定要及时就医，尽快矫治。

3. 鼓励正常人际交往

辅导员应鼓励学生多开展正常的人际交往活动，发展大学生的兴趣爱好，正常地去体验人与人交往所获得的信任、理解和关怀，让大学生积极参与到集体活动中，在活动中获得知识，增强思考，提高技能，分散其对网络的不良关注和依赖。

（二）学生紧急事件

在高校的校园内，学生发生的一些紧急事件包，在高校内突然出现，由自然的、人为的或社会政治等原因引起的，并发展成较大规模的，以大学生为中心，不以高校管理者的意志为转移的，对学校的教学、工作、秩序等产生了重大影响、冲突的某些事件。

辅导员在日常管理工作中，要针对院系、班级的特点开展安全教育、心理健康教育，强化大学生的危机意识，调动学生的自主性、能动性，使其进行自我教育。还要注意采集异常学生或群体的日常信息，并对其进行密切观察。

在紧急事件发生后，辅导员要能够依据有关的法律法规和校纪校规，收集保全证据，明确责任，进行及时、妥善的处理，维护好学校及各方当事人的合法权益。

在紧急事件善后处理结束后，辅导员要及时总结经验，形成案例，展开讨论，吸取教训，完善学生紧急事件的预警及处理工作。

（三）校园文化

在长久的教育实践过程中，逐渐形成一种独特的校园文化，其中有教育目标、校园精神等，并被学校的大部分成员支持。制度层、物质层和精神层是校园文化的三大层面。其中，制度层包括工作和学习制度等，这一部分属于校园文化的中间层次，表现了校园文化的精神层和物质层对个体和群体的要求；物质层包括校容校貌、教学服务设施等，这一部分是校园文化的浅层，属于物质载体；精神层包括学校目标、教育思想等，这一部分属于校园文化的中心，它是各师生共同的基本信念、价值标准等，是校园文化的重要内容。

辅导员在大学生学习、生活、娱乐等各个方面要鼓励与校园文化相一致的思想行为，抑制与校园文化相背离的思想行为，使学校倡导的积极向上的价值观念变成学生身上可被感知的人文素质。

辅导员还有一项重要的工作就是维护良好的校园风气，深化师生之间的力量和精神，让学生有自己的价值方向，管理学生的各项行为，使学生养成优良的作风习惯，具有一定高度的人生追求。

辅导员还要抓好学生社团活动，通过社团活动陶冶学生情操，彰显学生个性，使其增强集体观念，丰富其课余生活，提升校园的文化品位。

（四）学风建设

学风是学校师生整体精神面貌的全面反映，是学生健康成长的软环境。学风的好与坏将影响学生在今后工作中做人、做事的态度。

辅导员在进行新生入学教育时，可以邀请系内教授、系友与学生座谈，让学生尽早了解专业的发展方向，引导学生树立正确的学习目标，激发他们对专业的兴趣和爱好，如学生确实不喜欢自己所选的专业，可以鼓励学生尝试申请转换专业。

在日常管理中，辅导员可以组织学生开展优秀学生学习经验介绍会和学习方法交流会，帮助新生适应大学的学习生活，使他们尽快融入大学生活中。同时，辅导员要在考试中严格考试制度，对大学生进行诚信教育，对考试违纪行为一定要公正、严肃地进行处理。在对学生干部的选拔上，要把德才兼备的学生选拔出来，提供机会让他们不断得到锻炼和成长。

营造良好的学风，为大学生的健康成长创造有利的环境氛围，是辅导员义不容辞的责任。

第三章　高校辅导员工作方法分析

高校辅导员工作方法论是关于高校辅导员工作方法的理论。辅导员工作目标的实现、效果的好坏，都离不开方法的正确运用。本章主要内容包括高校辅导员的工作方法、高校辅导员工作方法中存在的问题、高校辅导员工作方法创新途径。

第一节　高校辅导员的工作方法

随着社会的发展与科技的进步，社会各个领域都已发生了前所未有的变革，现代辅导员的工作环境与以往时代相比有着很大的不同。面对种种变化，辅导员只有以科学理论为指导思想，坚持以学生为本的教育理念，紧跟时代潮流，与时俱进，深刻洞悉当代大学生的思想活动特点，汲取世界知名高校的成功经验，并结合本校实际创新方法论，才能为高校辅导员工作注入生机与活力，使其发挥应有的功能，充分实现其价值。因此，辅导员要想切实提高思想政治教育工作的能力与水平，使工作更上一个台阶，就必须从自身着手，深刻理解辅导员工作方法论的科学内涵，构建科学化、系统化的体系结构，把握思想政治教育方法的现代发展和运用原则，从而推动思想政治教育工作稳步前进。

一、高校辅导员工作方法论

（一）思想政治教育方法论

从本质上来说，人类生存与发展的过程就是认识世界与改造世界的过程，为了确保持续发展，人类开展丰富多彩的社会实践，在这一过程中所采取的活动方式、程序和手段的综合就是方法。古往今来的专家学者对方法进行了广泛而深入的研究，结果发现，方法是主观性与客观性的结合，目的性和主观能动性是其显著特征。方法之所以出现这样的特点是由人们认识客体的客观性及认识主体所处的客观条件决定的。

第一，在活动中人处于主体地位，具体的对象则是活动的客体，而方法是连接主体与客体的纽带与桥梁，人和具体对象之间的相互联系和相互作用是通过一系列有效的方法实现的。离开了人与对象之间的这种关系和作用，方法也就失去了存在的基础。因此，方法要随着主、客体的具体情况的变化而变化，一旦人的活动过程消失，主、客体间的相互作用也不复存在，方法自然也无从谈起。

第二，任何方法都有一定的服务对象，或者是实现人类预期的目的，或者是达到某种活动的目标，总之，方法总是与任务紧密相连。针对不同的任务和目标，需要采用相应的策略和方法；同样的目的、目的的内容与性质又会因不同的任务而有所侧重，从而决定了不同的方法选择策略。随着目标的达成和任务的完成，方法的使命也随之画上了句号。

第三，方法与理论是相互依存的关系，不管是将人们社会实践中总结的经验上升到理论，还是将理论作为实践活动的指导思想，都离不开方法的支撑。从理论指导实践的层面来说，人们所采用的方法不仅受到与其直接相关的理论的影响，同时也受到人们的世界观、社会观、政治观以及相关理论知识的直接或间接影响。

第四，方法不仅是人类社会实践的产物，而且是人类思维活动的结晶，其形成势必受到人们思维方式的影响，即使面对同一问题，不同思维结构和思维方式的人，其所想到的解决问题的方法也是大相径庭的。当人们将他们在认知和实践活动中所积累的方法转化为一种思维方式时，这些方法就具有一定的科学性，可以作为宝贵的经验传授给后代。人类的思维方式和知识体系是相互关联的，它们以特定的思维结构和方式为基础，随着思维方式的变化而不断演变，从而保持着相对稳定和不断发展的状态。所以，从本质上说，方法论就是一种科学方法。方法论的内涵比方法更为广泛，然而对于这一概念的理解和运用却常常存在一定的模糊性。方法论是一种关于认识世界、改造世界的根本方法的理论，它与方法之间存在着天然的联系，因此在没有特别说明的情况下，方法论指的是与方法相关的理论。方法论是以方法为研究对象，聚焦于探究方法的生成、演变和发展规律，致力于探究方法的性质、作用、特点和功能等。方法受到方法论的制约，是一定方法论指导下的具体运用。在改造世界的过程中，人们通常会从哲学方法论、科学方法论和方法学三个不同的层面来认知方法论，以满足不同任务和实践的需求。在思想政治教育过程中，辅导员的工作方式受到思想政治教育方法论的指导。思想政治教育方法论“就是关于思想政治教育方法的理论，它是思想政治教育理论的具体运用。具体来说，思想政治教育方法论是运用辩证唯物主义和唯物史观的基本理论，研究和揭示人们的思想形成、发展、转化的规律，实施思想政治教育的规律，以及运用这些规律提升人们思想政治水平和思想道德素质的方法的总和。”① 思想政治教育方法论包含三个不同层次：一是基本的世界观和方法论、历史的方法、辩证的方法及一般的逻辑方法等；二是在一定范围内通用的方法，体现了各门学科共同的研究方法和具体学科特点的方法，如社会科学方法或者政治学的研究方法等；三是思想政治教育的具体研究和工作方法。在这里可以区分成思想政治教育的思想方法和工作方法，前者也可以体现为思想政治教育的认识方法，包括思想信息收集和思想信息分析方法。上述三个层面的方法是相互递进和相互关联的关系。无论是宏观层面的方法还是微观层面的方法都体现了一种内在的逻辑关系，忽视任何一个方面都无法实现方法的科学性和规范性。可以这样认为，宏观层面的方法是根本的方法，如果违背了唯物主义的和辩证的方法，违背了一般的逻辑规律，那么具体学科的方法和具体的工作方法都会偏离正确的轨道。同时，抽象的方法要体现在具体的方法之中，从而发挥其应有的作用。在思想政治教育的实际中，这些方法的运用往往是内在地结合在一起，很难对其作实质上的划分。但是，有意识地形成方法论则是科学地分析问题和解决问题的前提和基础。

（二）高校辅导员工作方法的层次

研究人员对于方法的结构体系进行了深入的研究，结果发现，方法的体系结构受三方面因素的影响，一是人们开展活动（认识客观事物的活动或亲身实践的活动）时所提出的总体要求与任务；二是人们进行社会实践时所面对的活动对象的性质、状况；三是使用的方法及其所具备的具体条件。研究人员从上述三个角度出发，总结了人们所掌握的全部方法的共性并对其进行分类，从而构建起辅导员方法体系的结构。高校辅导员的工作方法就是辅导员以大学生作为工作和教育对象，从教育对象的实际出发，结合他们的思想状况，通过改造教育环境等施加教育影响的方法。部分研究人员认为思想政治教育工作是辅导员工作的重点内容，因此将这些方法称为辅导员思想政治教育的实施方法。辅导员思想政治教育的实施方法不仅是高校辅导员思想政治教育认识方法向实践方面的必然发展，而且在思想政治教育方法论体系中起着至关重要的作用。

高校辅导员工作方法作为一种专门的方法体系，根据其适用范围的不同，形成了多个层次的方法。高校辅导员工作方法主要有三个层次。

第一，高校辅导员工作的思想方法，包括以人为本的原则、调查研究原则、

① 张耀灿，郑永廷，吴潜涛，等．现代思想政治教育学 [M]. 北京：人民出版社，2006.

适应时代发展的原则、有利于提高实效性的原则、继承与创新相统一的原则、预防为主的原则、因材施教原则。这些思想方法实际上是高校思想政治教育的根本理念、指导原则，在对学生进行思想政治教育全过程中起指导作用。在辅导员思想政治教育方法体系中，思想政治教育思想方法具有独特的地位和作用，因为它能够引导和规范其他方法的方向、标准和要求。

第二，为了提升辅导员的工作质量，教育界的专家学者对高校辅导员工作的基本方法进行了总结归纳，其中心理咨询法、说服教育法、管理诱导法、激励法、自我教育法等对于激发大学生的内在潜能，提升其思想政治素养具有积极意义。在辅导员对大学生进行思想政治教育工作的各个环节上，这些思想政治教育思想方法得到了应用，并发挥着应有的功效。

第三，在高校辅导员工作实践中，高校辅导员结合不同对象、不同环境灵活地运用基本方法，不断创新，从而形成了高校辅导员工作的具体方法这一特殊的方法形态。尽管这些方法被归为不同的层次，但它们各自具有特点、适用范围和特殊作用，相互交织、相互制约，从而形成了一个相对完整的一般、特殊和个别的层次结构。在高校辅导员的工作实践中，这些方法不是彼此孤立、相互隔绝的，而是相互联系、相互转化的，低层次方法必须满足高层次方法的规定与要求，才会具有普适性，才会在更大范围内得以推行；高层次方法要想能够应用到具体的实践工作中就必须转化为低层次方法，使之能够被学生所理解和接受。不管是高校辅导员工作的基本方法还是具体方法都应该以科学化、系统化的思想方法为指导，高校辅导员只有将内容艰深、语言晦涩的思想方法转化为思想政治教育的具体方法、操作方式，才能真正掌握辅导员工作的方法与技巧，从而真正发挥其功能，实现其价值。

二、高校辅导员工作方法要遵循的原则

工作方法的产生和发展并不是随机的、偶然的，而是特定的思想方法的产物。历史唯物主义的基本原理之一是社会意识对于社会实践具有能动作用，即科学的思想方法是人们改造世界的前提和基础，这一原理同样可以应用到工作方法中。高校辅导员工作的思想方法不仅是客观规律的体现，研究人员透过高校辅导员工作的表象把握了其客观规律，因此又是实践经验的总结。高校辅导员对纷繁复杂的工作实践进行了概括总结并将其上升到理论层面，为高校辅导员工作的全过程提供了有益的指导。高校辅导员工作的思想方法在高校辅导员工作方法体系中占

据主导位置，这是因为它是其他层面方法的前提，决定着其他层面方法的发展方向、准则和要求。因此，要想深入探究高校辅导员的工作方法，就必须将思想方法的学习和研究置于至关重要的位置。辅导员工作方法同其他工作方法一样，应是马克思主义哲学方法论原则在大学生思想政治工作中的具体体现，都要实事求是，一切从实际出发；都要调查研究，走群众路线；都要遵循人的思想认识发展规律，避免主观性、片面性。除此之外，高校辅导员工作思想方法还有以下基本要求。

（一）以人为本的原则

辅导员的工作本质上是以人为中心的，是通过对人的引导和关注，为人的成长和发展提供支持和帮助。学校的任何一项工作内容，不管是教育、管理还是服务，都必须以培养人才为首要任务，切实保障学生的合法权益。学生是学校的主体，这就要求教育者在教育过程中坚持一切从学生实际出发，尊重学生个性发展的规律，确保每一位学生健康成长、成才。因此，辅导员在选择和创新工作方法时，必须秉持以学生为中心的理念，即致力于培养、关注和提升学生的综合素质。传统思想政治教育侧重于挖掘人的社会属性，在某种程度上忽视了“人”的主体性，导致教学内容抽象枯燥，形式单一，极大地削弱了学生的学习热情。随着社会经济的发展，越来越多的人意识到“人”的重要性，人本主义思想普及开来。高校学生工作要坚持以学生为本的工作价值目标，以促进学生的全面发展为出发点，尊重学生的人格、兴趣、爱好以及个性差异等特点，帮助他们形成正确的需求层次，引导他们将个人的成才目标与学校的教育目标有机结合，充分发挥其主观能动性，最大限度地激发其成才的内驱力。辅导员的工作应当以学生为中心，以尊重、关注、教育和引导为手段，全面满足每个学生成长成才的需求。同时，要根据大学生发展特点和实际情况，努力探索新形势下做好学生工作的有效途径。在高校学生管理工作中，必须始终坚持以学生为中心的原则，这是非常重要的。

遵循以人为本的原则，必须树立“教育即服务”的思想。“全心全意为学生服务”应是新时期辅导员工作的出发点和归宿。首先，辅导员要最大限度地维护学生的根本利益，赢得学生的理解、信任和支持，还要树立民主、平等的思想观念。辅导员要尊重、关心、理解学生。其次，在思想政治教育内容上，要将思想政治理论与学生发展目标有机结合起来。伴随着我国经济的蓬勃发展，人们的生活水平不断提高，当代大学生的精神需求日益丰富，如何满足大学生的精神需求，提升他们的思想素养和道德品质成为社会关注的重点问题。高校辅导员要深入了解学生的精神需求，结合他们的需求创造出与他们内在精神需要相契合的思想政治教育内容，使思想政治教育内容成为推动大学生精神发展、道德生命自由成长的有效手段，使思想政治教育内容成为辅导员与学生心灵沟通的纽带。最后，在进行思想政治教育时，辅导员要选择恰当的方式，从学生的个性出发，情感真挚，语言平和，通过引导学生以及与学生进行讨论，以平等的态度与学生进行思想交流和意见交换，将说服教育与学生自觉接受的内在动力结合起来。在信息化时代背景下，大学生接受新生事物的能力不断提高，好奇心强，相比于传统事物，他们更倾向于接触时尚、新潮的事物，单一的教育模式已经无法满足他们的需求。思想政治教育是高校辅导员工作的重要内容，辅导员要利用其自身优势，不断更新观念，加强对新时期高校学生思想政治教育工作的研究。充分发挥网络、公寓以及社团的作用，探索新形势下高校辅导员开展思想政治教育工作新途径、新举措。

高校辅导员工作是一项直接面对学生的工作，既要有针对性地帮助每一位学生学习成长，又要在宏观上引导全体学生在思想上积极进步，进而在行为上进行自我约束和规范，以最好的精神面貌和智力储备为社会和国家尽职尽责，成为德才兼备的人才。学生是高校所有教学与管理系统的核心。无论一所高校的管理体制如何运作，它都要最终实现一个目的，那就是以学生的发展为根本，肩负起教书育人的责任。可以说，学生的良好发展能够促进一所学校的良好发展，而一所学校如果能为学生提供良好的学习与成长的空间，那么反过来又能促进学生能力的提高。

（二）调查研究的原则

政治辅导员要想取得丰硕的工作成果就必须做好深入细致的调查研究工作，这是其取得优秀工作成绩不可或缺的前提条件。为了有效地开展学生思想政治工作，辅导员需要深入了解学生的需求和特点，以便有的放矢。受遗传因素、成长背景等多种因素的影响，大学生的兴趣爱好、思想认知、专业水平等有着很大的差异，辅导员所面对的是一群个性鲜明、各方面差异显著的学生，在进行学生思想政治工作时，我们不能采取“一刀切”方式，而必须精准地了解情况，因势利导，因材施教。只有这样，才能使思想政治工作收到事半功倍的效果。为了实现这一目标，辅导员必须进行深入的实地考察和研究。调查研究由两个环节构成，一是调查，二是研究，只有深入学生之中去了解他们的真实情况，才能使教育有的放矢。辅导员要全面了解学生的情况，不能仅凭一时之见，必须综合考虑其在人前和人后的表现；除了了解学生的某些特点外，还需要深入了解其家庭教育、成长经历等背景因素，这些因素共同塑造了学生的特点。研究必须有充足的事实依据和可靠的证据，否则就会流于形式而达不到应有效果。唯有使用充实而真实的素材，方能在“研究”中得出准确的结论，才能够得到学生的尊重和信任，真正做到因材施教。

（三）时代性原则

与时俱进是马克思主义的理论品质。高校思想政治教育工作也要跟上时代步伐。改革开放以来，高校思想政治教育工作不断跟随时代的步伐前进，更新内容，改进方法，从而不断增添新的活力。以思想政治教育为主要任务的辅导员工作，从总体上说一直是随着时代发展而发展的。因此，当前辅导员工作方法的选择，一是结合时代精神，把握时代潮流，以加快现代化建设和全面建成小康社会为落脚点，以增强综合国力为宗旨，探索增强凝聚力、团结人心的思想政治教育的方式方法；二是以深化改革、扩大开放为核心，积极学习和借鉴世界文明成果，探索出抵制拜金主义、利己主义等不良思想侵蚀的方式方法；三是深刻理解科技革命的发展要求，把握现代科学技术的发展方向，探索出提高科学与文化素质的方式方法；四是坚持人本主义思想，尊重人的主体性。挖掘人的潜能，从激发人的创造性出发，探索有利于发挥人的主观能动性的思想政治教育方式方法。

（四）实效性原则

任何工作的开展都以取得预期的目的为准则，思想政治教育也不例外，实效性是思想政治教育的本质要求和灵魂，离开了实效性，思想政治教育也就失去了生机与活力，同时它也是衡量高校辅导员工作绩效的根本标准。辅导员工作是一项系统的工程，只有教育内容与方法相统一，才能取得良好的成效。从哲学的角度来看，内容是实践的依据，方法是实践的形式，一定的形式是内容得以实现的前提和基础，二者相互联系、密不可分。因此，高校辅导员在开展大学生思想政治教育和管理的过程中，除了强调内容和注重实践之外，还应深刻认识到方法的重要性，巧妙地运用各种载体，将工作目标、任务具体化，从而将无形的思想、道德、观念等元素有机地融入各种形式和活动中。在新时期，各种社会心理显现出丰富性和活跃性，要求辅导员工作方法必须灵活多样、不断创新。如果辅导员工作方法跟不上信息时代快速发展变化的要求，就会导致方法与内容相脱节，从而难以获得令人满意的成效。在实际工作中，辅导员在选择工作方法时应思考以下问题：①应用该方法是否有助于提高工作效率；②应用该方法是否能够达到预期的目标；③运用该方法是否能够提高学生的思想政治觉悟，是否有助于提高学生的主观能动性。面对迅猛发展的现代科学技术，高校辅导员要不断学习，积极借鉴先进的科研成果，提高工作方法的科技含量；要准确把握时代发展的主流趋势，深入探究新时期大学生的思想活动规律，紧密结合现实问题；要结合大学生的身心发展规律和个性特点，灵活采用教学手段，开展丰富多彩的活动，寓教于乐，提升思想政治教育的质量。

（五）继承与创新相统一的原则

在选择辅导员思想政治教育工作方法时，需要在传承和发扬党的优良传统的基础上，不断进行创新和提升，以达到更高的工作水平。因此，必须遵循以下几条基本原则。首先，继承是前提。中国共产党自成立之日起就高度重视思想政治工作，在带领中国人民开展民主主义革命和社会主义建设中积累了丰富的经验，中国共产党不断开拓创新，借鉴世界文明中的先进成分，创造了一系列行之有效的方法，如身教和言教相结合的方法；坚持团结、批评、惩前毖后的方法；应用因材施教、区分层次、实事求是的方法等。这些方法是中国共产党集体智慧的结晶，是党的宝贵财富，直到今天，这些方法依然是帮助辅导员做好本职工作的重要工具，必须继承和发扬这一传统。其次，创新是动力。实践证明，只有不断地创新才能使思想政治工作焕发出活力，从而提高工作效率和质量。随着时代的演进，思想政治教育方式已经发生了翻天覆地的变化，尤其是在适应市场经济和知识经济的发展需求以及应对新形势变化方面存在着许多不尽如人意的问题。这就需要我们在继承优良传统的基础上，解放思想，实事求是，探索新的规律，实现最佳效果。在新形势下高校辅导员工作方法的创新选择，必须充分体现解决学生思想问题与解决他们的生活实际问题紧密结合的原则，严防空洞说教。邓小平在谈到思想工作时就曾明确指出："不重视物质利益，对少数先进分子可以，对广大群众不行，一段时间可以，长期不行……如果只讲牺牲精神，不讲物质利益，那就是唯心论。"[①] 随着改革开放的深入，人们的思想行为与物质利益的联系越来越密切，在这种情况下如果离开物质利益原则，单纯说教，就难以调动人们的积极性，提高他们的思想觉悟和道德素质。马克思关于社会存在和社会意识有着这样的论述：社会存在决定社会意识，社会意识是对社会存在的反映。这一原理同样

① 邓小平．邓小平文选第二卷[M]．北京：人民出版社，1994.

适用于学生的学习和生活，即学生在现实生活中的社会实践决定了他们的思想，他们所呈现出的心理问题、行为问题常常是他们在现实生活和学习过程中所面临的现实挑战的真实映射。因此，辅导员必须对调查研究工作给予高度的重视，充分发挥党员、班干部的作用，开展深入的调查研究，进而全面了解学生的实际情况，将思想教育、心理辅导、习惯矫正等工作与解决学生生活和学习中的实际问题紧密结合起来，帮助家庭贫困的学生解决经济困难，引导学习成绩不够理想的学生寻找正确的学习方法，激发他们对学习的积极性，引导学生树立积极向上的生活态度，从而收到“润物细无声”的效果。

（六）超前性原则

方法的超前性即坚持预防为主的原则，时刻保持警惕，坚持“防患于未然”，采取“防微杜渐”的策略，在不良行为尚未发生之前将危险的思想倾向扼杀在萌芽状态。我国古人很早就意识到预防的重要性，提出了“防为上，救为次，戒为下”的思想主张。有关研究表明，方法的超前性是保证思想政治工作有效进行的前提条件。辅导员的首要职责在于提升大学生的思想道德素养，激发他们的积极性、主动性和创造性，以促进大学生全面而自由成长，因此，辅导员的工作方式不应仅限于被动的事后教育，还应采取主动的超前教育。方法的超前性是实现和提高辅导员工作有效性的需要。首先，超前性教育并不是盲目的、毫无根据的教育，而是以科学理论为基础的前瞻性教育，以科学的预见性为前提。关于预见性，《礼记 · 中庸》中有：“凡事预则立，不预则废”。辅导员在制订工作计划时，必须充分考虑学生未来的思想状况，因为只有预先规划好事情并做好应急对策，才能确保计划的顺利实施，否则就会导致计划的失败。科学的思想政治工作有效性的实现，必须建立在周密的计划和充分的准备基础之上，否则将难以获得成功。其次，着力于超前性教育。大部分大学生进入大学时都已超过 18 岁，虽然从年龄上看，他们是成年人，但是他们的思想还不够成熟，其世界观、人生观还未定型，容易受社会上各种思潮的影响，为了预防各种不良行为的发生，辅导员应及时了解学生潜在的思想倾向和动态并采取及时、有效的措施，以在萌芽状态消除不正确的思想念头，从而达到未雨绸缪、防患于未然的目的，尽可能降低负面影响。传统的思想政治教育工作通常是事中教育和事后教育，即哪里出现问题就解决哪里和问题发生后总结经验教训，超前性教育则是“未雨绸缪”的事前教育，掌握了思想政治教育的主动权，实现了从恶性循环到良性发展的转变，增强了思想政治工作的有效性。最后，高校辅导员要深刻认识到超前性教育的重要意义，在实际工作中灵活运用超前性教育，将思想政治工作做在前头，积极引导学生树立正确的价值观，培养学生自觉抵制错误思想的能力，充分挖掘学生的潜能，调动他们的积极性和创造性。

（七）因材施教原则

孔子作为我国著名的思想家、教育家提出了因材施教的思想，在教导弟子的过程中“听其言而观其行”。就如同世界上没有两片完全相同的树叶，世界上的每个人也是各有特色、大不相同的，为了确保每个学生都能得到最大程度的个性化教育，辅导员在育人的过程中必须遵循因材施教的原则。这就要求其做到以下两点：首先，指导思想上要遵循“一视同仁”的理念，辅导员要关心每一位学生，不管他来自农村还是城市，不管其家庭条件是优越还是一般，也不管其学习成绩是优异还是较差，都要一视同仁，不偏不倚。辅导员必须以高度的责任心来看待工作中的每一个细节，把每个环节都当作一件大事去做。其次，在育人过程中必须遵循学生身心发展规律，尊重学生的个体差异性，深入了解其心理动态、个人素质、志向和爱好，因材施教，切忌“一般化”和“普遍化”。

三、高校辅导员工作的基本方法

高校辅导员的工作任务和内容是一个完整的、有机的体系，它们相互衔接、相互补充、相互影响、相互作用。辅导员的工作方法是实现辅导员工作任务的手段，是基本渠道。在辅导员的工作实践中，可运用的工作方法是多样的。然而，世界上没有包治百病的灵丹妙药，同样，也没有能解决所有问题的万能方法，任何一种方法总有其自身的局限性和适用范围。辅导员在面对不同大学生错综复杂的思想和个性特点时，必须了解各种工作方法的特点及其适用范围，针对不同的教育对象、不同的思想问题，选用不同的方法，因人而异、因事而异，有的放矢，对症下药，才能收到预期的工作效果。

辅导员在实际工作中，在自己的工作领域要想达到较好的教育效果，必须研究具体的工作方法，并不断创新工作方法。最常见的基本的辅导员工作方法包括说服教育法、管理诱导法、激励教育法、自我教育法、活动吸引法、心理咨询法等。然而，辅导员在进行具体的工作时，往往是对这些基本工作方法的综合应用，单一的工作方法往往不足以解决较为复杂的问题。结合辅导员的工作任务与内容要灵活运用各种方法。

（一）说服教育法

高校辅导员作为高校的重要组成部分，对于学生的健康成长成才具有积极意义，他们不仅是学生思想观念的引路人，还是开展大学生思想政治教育工作的直接实践者。大学生作为社会主义建设者和接班人，必须具有较高的政治思想觉悟，高校辅导员则承担着提升大学生思想政治修养的重任，他们以马克思主义基本理论为指导思想，引导大学生掌握马克思主义基本原理，学习和领悟党的方针政策，进而具有明确而坚定的政治方向，树立起为共产主义事业不懈奋斗的远大理想，具有积极进取、迎难而上的精神状态，具有高尚的道德情操，尊重人民群众，信任人民群众，具有全心全意为人民服务的思想，能够将个人奋斗目标与国家发展有机结合起来，坚决维护国家利益，诚实守信，互助友爱，正确看待和处理人民内部矛盾，能够运用马克思主义的观点、方法分析和解决问题，为我国社会主义现代化建设贡献自己的力量。大学生是社会主义建设的后备军，是国家宝贵的人力资源，他们的思想问题大多属于认识问题的范畴。实践证明，民主的方法是解决人民内部矛盾的最佳方法，说服教育法就是其中一种，如果采用强制的方法——压服的手段去解决人民内部矛盾，不仅不能解决矛盾，反而会使矛盾激化。马克思主义“灌输论”认为，社会主义意识是人类在发展进程中所形成的科学的、先进的意识形态，人类必须通过系统的学习教育才能领悟其深刻内涵。马克思和恩格斯再三强调，要把科学社会主义“传布到工人群众中去”①。列宁继承和发展了马克思、恩格斯的这一思想，指出“工人本来也不可能有社会民主主义的意识，这种意识只能从外面灌输进去”②。说服教育法又称灌输教育法，是指辅导员以大学生为教育对象，以马克思主义理论体系为教育内容，以摆事实、讲道理为教育手段，以提升大学生的思想觉悟和认识水平为宗旨，在循序渐进这一教育原则的指导下，有目的、有步骤地开展工作，通过向大学生宣传党的路线、方针、政策，引导他们掌握先进思想和科学方法，解决思想疑虑和困惑，提升他们的政治思想准则和道德规范。通过说服教育，可以使学生由不知到知，由少知到多知，由知之片面到知之全面，知之很窄到知之很宽。同时，通过说服教育也可以使学生从中学到说理的能力，从而使说服教育具有双重作用。既让学生明理，

---

① 中共中央马克思恩格斯列宁斯大林著作编译局．马克思恩格斯全集：第 18 卷[M]. 北京：人民出版社，1964.

② 中共中央马克思恩格斯列宁斯大林著作编译局．列宁全集：第 6 卷[M]. 北京：人民出版社，1986.

又使学生提高说理的能力；学生既成为明理者，又成为理的传播者和实践者。

灌输教育的开展要满足以下条件：首先，要正确理解“灌输”。灌输不是漫无目的地随意讲解，必须从实际出发，理论联系实际，即教育者在开展灌输教育时必须结合被教育者的实际情况，深刻把握其思想倾向，以马克思主义理论为指导，深入剖析其当前的思想倾向，有的放矢地解决实际的思想问题。在具体运用该理论时还要注意把握其艺术性，使之成为一种生动、活泼的有效手段，从而收到理想的效果。尽管当代大学生的文化素养和认知水平已有显著提升，但由于马克思主义理论具有理论性强、逻辑严密的鲜明特征，仅仅依靠个人的自发学习是很难系统性掌握该理论的，仍然需要采取灌输的方法来指导学生学习该理论。理论教育是一项具有挑战性的工作，有关研究表明，只有真正理解理论教育的实质，根据社会发展创造出与时代精神和人民需求相契合的好方法，才能切实提高理论教育的艺术和水平。当然，灌输教育在思想教育工作中的运用要充分考虑使学生自主性、主导性提高的因素，不能采取反复灌输、单向灌输的方法，而要注重双向的互动与民主式的交流。其次，要坚持理论联系实际。随着社会经济的发展，大学生的思想水平不断提高，这就给辅导员的工作提出了更高的要求。在进行理论教育时，一方面，辅导员要全面深刻地理解理论，不仅要准确把握理论的内涵，同时也要在教育材料的筛选上精益求精，力求精简而不失深度；要根据大学生不同特点和需要，有选择地开展教育活动。既不能断章取义，只说几句话，又不能脱离实际，缺乏针对性，要善于把自己所学到的理论知识与工作实践相结合。另一方面，要善于引导大学生运用马克思主义理论来分析现实生活和学习中遇到的问题，并运用马克思主义理论方法解决问题；注重对大学生进行理想信念教育。以马克思主义理论为指导，有效地凝聚人心、振奋精神，切实解决人们的思想和精神面貌问题；注重情感教育，寓情于理，激发大学生的学习兴趣，鼓励他们独立思考，借鉴翻转课堂、微课等先进教学手段，使教育生动活泼，富有吸引力。为了避免在理论教育中出现教条主义倾向，我们需要避免简单地套用科学方法、空泛地陈述道理、死记硬背概念，以及脱离实际情况。最后，要科学地探究大学生的接受方式。接受是心理学中的术语，是个体心理结构与环境相互作用而产生的一种心理反应。在人类社会交往中，接受是最常见的一种现象。从广义上来说，“接受”的内涵同“认可”“吸纳”“接收”等词相近，表明人们对一定的思想文化信息的选择、诠释、领悟、整合和应用。在理论教育过程中，必须从学生的个体出发，尊重学生的个体差异性，结合大学生心理特点，深入研究大学生的接受特点和接受方式，全面理解和掌握他们的思想接受活动的规律。为了确保教育质量，高校辅导员要根据大学生的不同特点采取多样化的教学方法，如针对不同专业的大学生，制定差异化的学习目标并使其选取合适的学习方式。为了让理论教育深入人心，要注意运用教育艺术，紧密联系大学生的实际生活，运用生动鲜活、通俗易懂的语言，以大学生喜闻乐见的形式进行疏导，多采用民主讨论的方法，鼓励学生积极参与，从而引发大学生的共鸣，潜移默化中提升他们的道德情操。这就要求辅导员深入挖掘大学生思想问题的根源，多角度、多层次地掌握大学生的思想面貌，不仅要了解学生本身的情况，如学生的姓名、籍贯、兴趣爱好、家庭成员等，还需要了解小组、寝室以及班级的总体情况，这是说服教育的基础。

说服教育的方式也多种多样，如讲解、谈话等。

讲解法是指教育者运用口头语言向被教育者讲授马克思主义理论体系的方法，其主旨是提高学生的认识水平和思想觉悟，以党的方针、路线、政策为教育内容，同时讲授思想政治准则、道德规范等方面的知识。该方法具有如下优点：首先，它有助于发挥辅导员的主导作用，便于辅导员控制教育过程；其次，它有助于引发学生进行独立思考，帮助他们在短时间内获取大量系统的知识，从而提高他们的分辨能力，使之明白什么是美，什么是丑，哪些是真实存在的，哪些又是虚假的。

根据对象的不同，谈话可分为集体谈话和个别谈话。有关调查显示，座谈讨论作为集体谈话的形式之一，是大学生进行自我教育的有效途径。座谈讨论的顺利开展离不开辅导员的正确引导，学生以某一或某些思想认识问题为主题，通过深入的讨论和激烈的争辩，最终得出结论。通过座谈讨论，学生的思想得到洗礼，认识水平显著提高。实践证明，座谈讨论有助于激发学生的思维活力和探究热情，有助于学生形成坚持整理、修正错误的科学态度。其应用范围广泛，既适用于小规模的讨论，又可适用于大规模的辩论，类型多种多样。座谈会的成功举办需要满足以下四个条件：一是确立一个明确的主题；二是在座谈会开始前，必须提前通知与会者，以便他们做好充分的准备工作；三是要善于引导，为了营造一种热烈的氛围，要注重运用启发思维的技巧；四是要做好总结，使每个人都有收获。

个别谈话指的是教育者以个体作为教育对象，两个人之间进行的双向口语交流。该方法以一定的目的和任务为宗旨，教育者和被教育者两个人直接进行情感交流，或者就某些问题交换意见。相比于其他谈话形式，个别谈话具有针对性强、实施方便、应用广泛的显著优势，基于此，该方法成为中国共产党开展思想政治工作运用频率较高的方法。虽然个别谈话具有诸多优点，但是将其应用到实践中以取得最佳的效果并不是一件简单的事，教育者只有始终坚持正确的原则，根据被教育对象的实际情况采取科学合理的谈话方法，方能取得较好的效果。原则是根本，方法是保证。一般来说，个别谈话应坚持如下原则。

（1）准备充分、把握时机的原则

所谓准备充分，是指为了使谈话实现预想中的目标，谈话者必须在谈话之前做好充分的准备工作，如结合学生的思想状况，深入思考此次谈话的主题、内容以及方法等。实践证明，准备得越全面，谈话效果越好。这个思考涉及多方面的内容，不仅要考虑谈话的目的和任务，而且要思考谈话对象的个性特征，结合他们平时的表现，综合考虑谈话前可能形成的心境状态和可能导致的心理差异。此外，由于谈话具有随机性的特点，这就要求谈话者必须充分评估谈话过程中可能出现的各种情况，并预先制定相应的方案，以便在谈话时心中有数，从而引发谈话对象的共鸣，取得对方的信任。充分的准备固然重要，但抓住时机则是至关重要的一环。所谓时机，指的是在谈话过程中要结合谈话对象的性格特点，从谈话对象的思想实际出发，巧妙地将“热处理”与“冷处理”结合起来，把握住火候，既不能盲目追求速度，将所有的内容一股脑倾泻出来，又不能过于缓慢，引发学生的反感。谈话者必须要针对不同的对象、不同的思想状况，灵活采取相应的对策，如果谈话者对于谈话对象的思想困惑有着明确的认知，谈话条件比较成熟，应积极主动交谈；如果谈话者对于谈话对象的思想一知半解，谈话条件不成熟，应耐心解释，等到谈话条件成熟后再进行谈话。为了使谈话条件成熟，需要建立谈话者和谈话对象之间的渐进式交往关系，通过建立良好的沟通关系，以促进谈话对象对谈话内容的理解和接受。

（2）以情感人、以理服人、情理交融的原则

所谓以情感人是指在实际工作中，谈话者要以真诚、友好、亲切的态度对待每一个谈话对象，用真挚的态度去感化他，通过情感激发其内在驱动力，使“理”进入谈话对象的心灵，从而实现以情感人的教育目标。师生之间互敬互爱的感情基础，是以情感人的前提，为此谈话者要关心谈话对象，爱护谈话对象，了解他们的内心世界，掌握他们的思想动态，让谈话对象对谈话者感到亲切并敬重谈话者；要尊重谈话对象，平等对待谈话对象，以出色的现身说法技巧为基础，毫不畏惧地在谈话对象面前深入剖析自身，毫无保留地倾吐内心所想，以心换心；善于运用心理学原理，充分利用情感的引导性，以自己充沛的情感去唤起谈话对象相应的情感。对于思想政治教育而言，以理服人是其根本所在，因此，虽然重视感情的作用是必要的，但“情”并不能替代“理”。为了真正实现以理服人的目标，

我们需要将“理”这一概念准确地表达出来。同时，我们应该给予学生“辩理”的机会，注重理例结合，以达到寓理于事的效果。实践证明，在谈话中，只有在动之以情的基础上晓之以理，情理结合，才能达到入心的效果。

（二）管理诱导法

要确保大学生思想政治教育工作的有效性，必须在耐心说服教育的基础上，将其与行政管理紧密结合，以达到最佳效果。如果缺乏明确的规章制度，或者制度不健全，抑或是缺乏约束力，那么即使是再高明的说服教育，学生的行为也将变得毫无章法，正确的教育也无法转化为具体的行动，从而使得说服教育失去了其实质性的价值。因此，为了切实提高大学生思想政治教育工作的效率和质量，就必须坚持管理的教育原则，通过多样化的管理手段和活动，为学生提供有益的教育体验。

教育管理包含三方面的内容，一是教学管理，二是生活管理，三是行政管理。其中教学管理由执行前、执行中和执行后三个层面构成，各种教学管理制度在执行之前，要进行广泛的宣传，通过班级讨论、辩论会等形式开展讨论，使全校师生对各项教学管理制度有深刻的理解，进而提高其自身的认知水平和思想觉悟；在执行中，严格遵守校规校纪，对于违反学校规章制度的行为进行严惩，坚决按章办事，绝不动摇；执行后，运用统计学中的相关原理对考勤情况、作弊情况、补考后不及格等情况进行统计分析，结合教学管理的实际进行信息反馈，教育其他学生。从生活管理的角度来说，要深入调查学生在学习和生活中遇到的困难，尽力帮助学生解决实际困难，温暖学生，使他们认识到自身的发展和学校管理并不是对立的，消除抵触情绪，产生归属感，自觉予以配合。从行政管理的角度来说，评比和奖惩是应用较为广泛的工作方法，为了引导学生培养良好的行为习惯和避免不良思想倾向的影响，我们应该采用恰当的奖惩措施，以促使他们按照正确的标准塑造自我。为了使管理的育人功能得到充分发挥，我们必须坚持“奖惩结合、以奖为主”的原则，同时贯彻“教育与奖惩结合，以教育为主”的原则，对于违反规定的错误行为和典型事例及时进行公布，按照规章制度实施惩罚，同时对于成绩优异或者作出突出贡献的优秀学生在肯定其成绩的基础上予以适当的奖励。

高校辅导员的工作职责之一就是运用管理引导法开展工作，其主要内容是大学生的作息制度管理，引导大学生做好寝室卫生；关注大学生的考勤情况和请销假；传授档案管理的相关知识，保管好学生的档案材料；大学生的文明行为要求等管理。高校辅导员在开展管理工作时必须平等对待每一位学生，树立精细化的管理理念，耐心细致，为了实现制度化和规范化，必须秉持严肃认真的态度，按章办事。在作息制度管理以及请销假、教寝室卫生、上课考勤等工作中，辅导员主要采取亲自调查的方式，将常规检查和抽查相结合，使学生的日常学习生活始终有教师的监督与敦促，以维护学生的身心健康以及学生获得知识与教育的权利选用，维护正常的校园教学秩序与管理秩序，保证大多数学生的利益。同时，还可以选用学生干部协助辅导员的抽查工作，采用管理引导的方法，让学生参与到管理工作中来，提高管理强度与密度，也可以很好地做到辅导员与学生的角色互换，使辅导员更了解学生的需要，使学生更加了解辅导员工作的辛苦与责任，从而提高学生自我行为约束的能力与责任感。

在对学生档案材料、学年小结、评优评先、奖贷勤补免等经费的管理工作中，重点是要做到细致入微、公平公正、实事求是。来自五湖四海的大学生汇聚于同一所高校中，他们的成长经历、兴趣爱好、思想水平各不相同，面对着差异如此之大的大学生，辅导员要在迎新阶段翻阅核查每一位学生的档案材料，指派学习优异且中学时期担任过班干部的大学生为临时班级负责人；在入学第一周向学生介绍学校和本专业的具体情况，使学生对未来几年的学习和生活环境有一个大致的了解；讲授档案的相关知识，使学生明晰档案的重要性。在评优评先的活动中，辅导员要注重建立良好的奖励机制，激励学生积极进取，提高自身的思想文化素质。要切实根据学生的日常表现与成绩进行评选，还要适时地对表现优秀的学生进行民主测评，以增强评优评先活动的公正性与公开性。奖贷勤补免等经费的发放要做到有理有据、实事求是。除了在档案中发现需要帮助的贫困生外，还可以有针对性地对在校贫困生进行调查，与贫困生多加交流并鼓励他们，消除他们内心的自卑感等，使贫困生能够得到适当的补助与照顾，使他们能够顺利完成学业，身心健康地成长。

学生班级建设包含以下内容：党团组织建设、班委会建设、学生社团建设、学生干部队伍建设、学风班风建设等。学生班级建设要做到以下几点：一要从基础做起，注重培养导向，满足学生个性化成长的需求；二是紧跟时代潮流，与时俱进，紧密结合专业特点，不但要挖掘建设内容的深度，还要拓宽建设内容的广度，不断创新建设内容。辅导员要对学生班级建设给予高度重视，并将其纳入日常管理体系中，大力支持班委会、团支部和学生会的各项工作，时刻关注学生的思想动态，避免不良思想的侵蚀，从小处着手引导大学生培养良好的习惯，增强其自信心，鼓励大学生参与校内活动，使大学生得到锻炼的机会，推动其健康成长。

在管理过程中要注意正确使用表扬（奖励）和批评（惩罚）的管理手段。正如日常生活中所见到的一些现象一样：某一行为如果得到表扬（奖励），那以后这个行为出现的频率就会增加；反之，得不到表扬（奖励）的行为出现的频率就可能会减少。“没有惩罚就没有教育”，必要的批评（惩罚）是控制学生不良行为的有效措施。而表扬、鼓励和信任往往能激发学生的自尊心和上进心。表扬（奖励）和批评（惩罚）是对学生行为的外部强化或弱化的手段，它通过影响学生的自我评价，对学生的心理产生重大影响。

尽管奖励与惩罚是辅导员与教育工作者应用频率较高的手段，但是由于缺乏科学理论的正确指导，他们在教育实践中往往会陷入误区，最终导致事与愿违，无法达到预期效果。为此，要注意把握以下几个问题。

（1）正确把握奖惩的强度，适可而止

古人云：“重赏之下，必有勇夫。”这种说法在某种意义上是正确的，但不具有普遍适用性。这是因为表扬（奖励）虽然在一定程度上能够激发人的内在潜能，发挥积极的作用，但是更为重要的是选择最为适宜的表扬（奖励）的强度。适宜强度的确定并没有统一标准，而是要根据具体的对象和事件来确定适宜强度。例如，有些学生具有较强的优越感，他们的某些行为虽然的确值得给予表扬（奖励），但是如果不考虑他们的个性特点极力表彰其行为，有可能导致他们产生自负心理，从而产生适得其反的效果，相反，如果对于表现优异或者作出抢险救灾、维护国家安全等值得表彰的英雄行为视而不见，或者仅仅给予口头表扬这种微弱的奖励，不仅会挫伤行为者的积极性，而且还会削弱其他人的主观能动性。同样，在实施批评（惩罚）时也要注意适度原则，如果惩罚手段过于温和，不痛不痒，不仅使行为者认识不到自身的错误，反而会产生即使行为再恶劣也不会受到惩罚的错觉，反而确立了其“安全感”。受多种因素的影响，每个人的个性特征、思想水平等大不相同，辅导员在运用奖励与惩罚手段时，要因人而异，充分考虑学生气质、性格、情感等心理因素，以收到预期的效果。

（2）坚持正面教育

秉持积极的教育理念，致力于激发学生的热情，营造宽容、鼓励的氛围、以提升学生的思想品格和道德修养。伴随着社会主义市场经济体制的确立，教育体制改革的步伐不断加快，学校作为培养社会主义后备军的主阵地，为了满足社会对于高素质复合型人才的需要，自然应该采用激励的教育方法。最为有效的激励方式莫过于表扬。大部分大学生年龄都超过 18 岁，各项生理机能已经成熟，他们在心理上更加注重个人形象，更加关注在同学中的声誉和形象。获得辅导员的表扬无疑是一种莫大的光荣，是一种令人愉悦的体验，能够为人带来全新的形象感受。反之，批评，特别是过度的批评，可能会引起学生的自尊心受损，从而导致他们产生不良情绪。此举不仅未能达到预期效果，反而会导致学生产生麻木之感，对周遭事物视若无睹，或自我贬低，轻视自身价值。

总之，辅导员在工作中，对待学生应以表扬（奖励）为主，而批评（惩罚）可采用间接迂回形式，指此而言彼，也就达到目的了。

（三）激励教育法

随着素质教育的全面推进，许多新的、适应现实需要的教育理念在教育活动中得以实施，并显示出强大的优越性和生命力。激励教育就是其中重要的方式。激励教育就是以学生的主体性、主动性为基础，遵循人发展的内外因统一的规律，营造和谐融洽的教育氛围，优化学生发展的外部条件，挖掘学生的内在潜能，调动他们的积极性和主动性，注重培养他们的创新意识和创新精神，满足其积极的心理需要。从本质上来说，激励教育就是以学生为本，激发学生内在的自我驱动力，全面提高教育教学质量。激励教育有着丰富的内涵，包括榜样激励、情感激励等。

（1）榜样激励的方法

教育界的专家学者对于榜样激励的方法给予了高度评价，有的研究人员称其为典型示范法，它以典型的人和事为榜样，充分发挥示范作用，以达到启迪人的精神、净化人的心灵的目的。榜样具有强大的感召力，能产生巨大的精神力量，借助树立先进典型，挖掘先进典型高尚的道德情操，将深刻抽象的道德观念和价值观念具体化、形象化，引导人们效仿和学习。榜样的力量是无穷的，榜样激励法具有以下基本要求。首先，要善于发现典型、挖掘典型，树立榜样，用身边的典型引导大学生。各类先进典型是时代的先锋、社会的典范、群众的楷模。尽管他们所处的时代不同，工作岗位不同，具体事迹也不一样，做法经验各具特点，但思想内涵和精神实质是一致的，反映了人民的意愿，体现了时代的精神，代表了社会前进的方向。辅导员工作要善于发现这些典型来引导学生，用看得见、摸得着的典型事例来教育引导大学生。其次，要选好典型。每推出一个重大典型，都要先行调查，听取各方意见，尽量使推出的典型可亲、可敬、可信、可学。选择典型，一要“新”。即榜样要有时代感、现实感。时代在进步，英雄人物也不断涌现，作为教育活动组织者的辅导员也应当选取一些这个时代的新榜样来开展教育活动。二要“近”。指的是榜样要在地理、心理上与学生接近。教师选用的事例只有从地理上和心理上都与大学生较为接近，才能引起他们的关注和兴趣，较好地说明要揭示的道理。在讲述开拓进取、立志成才问题时，选用的事例应该是大学生群体当中的优秀者事例，当然最好选用本校大学生走向社会，在市场经济大潮中成才的典型事例。这样才会让人感到真实可信，进而接受你所要说明的道理。三要“精”。就是榜样要典型，选例的典型事例要有很强的感染力。四要“实”。只有真实的事例才能令人信服。为了让人相信选例的真实准确，确有其事，要注意说明事件发生的时间、地点、人物姓名。有些即使不能说明真实姓名，也可以化名替代。引用报纸杂志登载的事例，也要有根有据，引用的数字要准确，不能出现偏差。一旦有误，就会失真。五要“具体”。就是学习榜样要有可模仿性和操作性。当人们呼吁学习英雄模范人物时，通常强调的是学习他们高尚的精神和卓越的品格，而不是简单地模仿榜样的言行。当然，不强调模仿榜样的言行，并不意味着否定他们的具体言行，这是因为精神和品格实际上是通过具体的言行表现出来的，如果离开具体言行来谈论精神、品格，所谓的“精神”和“品格”便失去了其原有的光彩和吸引力，那么学习的意义也将大打折扣。

（2）情感激励方法

在高校思想政治工作中，情感激励法是一种行之有效的方法，也是辅导员经常使用的激励手段。该方法通过创设各种情境，唤起大学生内心的情感共鸣，从而达到培养健康情感、陶冶高尚情操的目的。真诚的情感是促使情感激励法发挥作用的催化剂，因此，辅导员要以真挚的情感关心大学生，尊重大学生，进而赢得他们的信任和认同。首先，应真诚地关怀每一个大学生。关怀，是情感激励的首要因素。希望得到他人的关怀，是人的正常的精神需要。时时刻刻关心大学生，既是高校思想政治工作的基本要求，也是社会主义高等教育理念的具体体现。实践证明，辅导员工作质量同其关心、爱护大学生的程度成正比，辅导员越关心、爱护大学生，师生之间的关系也就越和谐，辅导员工作质量也会越高，反之，如果辅导员只是口头上关心，而未深入了解大学生面临的实际困难，无法真正帮助大学生疏导紧张、焦虑等负面情绪，也无法解决其实际学习生活中出现的困难，就无法得到大学生的尊重和认可，融洽的师生关系更是无从谈起。因此，辅导员要从实际做起，从小事做起，真正从行动上关心大学生。其次，要充分尊重大学生、理解大学生、信任大学生。尊重大学生就是将大学生看作具有人格的个体，以平等的身份对待每一位学生，注重维护大学生的合法权益，以诚待人、以理服人、以情感人，充分发挥大学生的主观能动性。每个人都渴望得到他人的尊重，尚处于青春期的大学生自尊心尤其强烈，迫切期望得到他人的认同。为此辅导员在开展思想政治教育时，把握大学生的心理发展规律，抓住他们对“尊重”的需求，及时给予有效的激励，不仅能够增进师生之间的情感，更重要的是能够激发大学生内心的自我激励，使其产生强烈的成就欲。这种成就欲可以使人们焕发出巨大的创造热情和工作干劲，成为建功立业的重要条件；理解大学生就是站在对方的角度考虑问题。青年学生生理、心理发展尚未成熟又远离亲人，对理解的需求显得更为强烈。比如，遇到困难时，渴望得到支持；受到委屈时，渴望得到安慰；做错事情时，渴望得到谅解。理解可以给人以友善，给人以安慰，给人以鼓舞，给人以心理上的平衡；信任大学生，就是对大学生的道德品质和各方面能力的充分认可。信任，是处理好人际交往，体现情感力量的重要纽带。师生双方应坦诚相待，辅导员应重视对学生获取知识能力的充分认可。如果我们能够给予学生充分的信任，那么他们就能够保持一种积极向上的心态，从而形成高度负责的心态。因为这种责任感建立在强烈而稳定的自尊心和自信心基础上，并表现为一种内在动力，大学生在学习、生活和各种关系方面的心理建立在自尊心和自信心基础上。大学生作为一个特殊群体，其个性具有鲜明的特点，辅导员应该了解每个同学的特点、爱好以及性格差异，并根据这些情况因材施教。只有这样，才能使学生保持愉快进取的精神状态，产生归属感和认同感，进而最大限度地激发他们的内在潜能，发挥主观能动性，真诚地接受思想教育。再次，辅导员要注重提高自身的道德修养和人格魅力，发挥言传身教在情感激励中的作用。教育实践证明，言传身教是提升教育质量的有效途径，这就要求辅导员树立终身学习的理念，积极汲取前沿的科研成果，语言真诚、态度恳切，言行一致，以自己的实际行动感染大学生。为了切实提高工作质量，辅导员不仅要传播真理，更应该以身作则，践行真理，不但能以情感感化人，也能够以行动激励人。这是因为，对学生来说，辅导员是教育过程中最直接、最有象征意义的人物，其言行、举止对学生会产生很大的影响，甚至给学生留下终身印象。

（四）自我教育法

自我教育法是指教育对象以社会道德规范为准绳进行自我教育，就自己思想中存在的问题和困惑独立地进行思想工作，进而实现思想转化的科学方法。思想教育属于思想意识形态范畴，归根结底是要靠教育对象独立思考，通过自我教育来完成。从狭义上来说，自我教育就是自觉接受新思想，改正错误思想的过程，在这个过程中，人们的教育对象不再是他人，而是自己，通过内部的思想矛盾斗争，发现新思想的先进成分，洞悉自身思想中错误的地方，进而以新思想指导社会实践，矫正不良行为。因此，自我教育法也就是自己通过自我管理、自我激励、自我改造，提高自我能力的方法。中国共产党对于自我教育给予了高度重视，并将其作为思想政治工作的优良传统。改革开放以来，我国的社会经济蓬勃发展，社会主义市场经济体制逐步确立，个体的自我意识逐步凸显，自我判断能力和自我选择能力不断提升，自我参与和自我修养成为生活中不可或缺的重要概念和时代的突出特征。这种变化要求人们不仅要有高度的组织纪律性，而且还要具备强烈的社会责任感和道德自律精神，这对传统的思想政治工作提出了新的挑战。因此，对于改进思想政治工作而言，进行自我教育是一项必不可少的选择。

在辅导员的工作中，自我教育法扮演着不可或缺的角色。通过自我教育，辅导员的工作效果可以得到增强和巩固，这是实现思想政治工作目标的至关重要的一环。辅导员工作本身就是一个需要不断进行学习、实践、反思、探索的过程。一般而言，辅导员的职责在于施加外在的教育和指导，以影响大学生，而要实现这一目标，则必须通过激发大学生的主体性才能达成。只有通过激发大学生内在的动力，使他们具备自我教育和自我完善的能力，辅导员的工作才能深入人心，产生持久的效果，从而推动思想政治工作的发展。

1. 自我教育法的意义

①从社会的角度看，改革开放的今天，社会、经济不断发展，道德程度日益提高，新旧体制交织，多种矛盾并存。由于社会环境的影响，学生个体心理的内在需要使得他们自我独立意识增强，表现欲提高，展示自我心理的倾向日趋强烈。马斯洛认为，人的需要是有层次的。在当前社会转型期，学生的其他需要基本得到满足，而自我实现和自我表现的需要随着时代发展、道德进步大大增强，高校学生在这方面的特点更为突出。因此，我们必须抓住新时期学生的这种新特点，充分发挥学生的主体作用，使教师的教育与学生的需要相适应，在同一个教育目标下朝同方向前进。

②从教育角度看，任何教育只有融入受教育者的价值结构体系中，才能实现其价值。教育是一个双向交流的过程，一方面人类是受教育的客体，另一方面人类具有独立意识，能够将接收到的知识与自身的阅历、经验结合起来，不断创造新的知识，在认识世界和改造世界中人处于主体地位。人的基本素质的提高单靠受教育是不能完成的，必须不断地进行人生体验和社会生活实践才能完成，因而当我们把学生看作教育对象时，如果不同时启发学生进行自我教育，则效果往往很差。接受教育是被动的，而自我教育则是主动的，外因不通过内因作用则很难取得最佳教育效果，因而学生的自我教育成为必须。长期以来，学校的思想道德

教育以教师为核心，以语言讲解为主要教学手段，学生只需要记住教师讲授的重点内容，这种教学模式忽视了学生在教学中的主体地位，未能充分体现出学生的自觉性，导致学生虽然能够流畅地背诵思想道德方面的知识，却无法真正理解其内涵，更不用说转化为自觉、自律的外在行为了。知识经济时代，社会对于大学生的思想道德水平提出了更高的要求，基于此，高校辅导员在开展学生工作时，要秉持以学生为本的理念，尊重学生的主体性，尊重学生的个体差异性，遵循大学生身心发展规律，根据学生的个性特征和内在需要，灵活运用启发式、鼓励式、渗透式等教育手段，激发学生的内在潜能，提升其自我评估和自我管理的能力。

③从学生步入社会的需求来看，自我教育也是十分迫切的。对一个大学生来说，大学生活是他真正踏上社会生活的前奏，为了尽快地、更好地适应纷繁复杂的社会生活，大学生在大学阶段必须培养自我教育的能力。这样，其一旦步入社会，就很快成为一个完全独立的、真正意义的“人”。作为社会群体中的一个，大学生必须为自己的行为负责，尤其是在当今这个充满激烈竞争的环境中，就更需要具有自我教育、自我管理和自我约束能力，否则就管理不好自己，更无法去管理别人，也就不可能更好地适应社会、服务社会。因此，加强学生的自我教育是学校教育特别是班级教育中极为重要的一环。

《中共中央关于进一步加强和改进学校德育工作的若干意见》中指出：“培养学生自我教育、自我管理、自我服务、自我约束的能力。”这就提出了要使学生加强自我教育的迫切要求。在高校的学生管理工作中，这一点显得更为重要。辅导员是高校学生管理工作的直接参与者，有着举足轻重的作用。辅导员应该认识到，在班级管理中，学生不仅是教育对象，同时又是自我教育和教育影响其他同学的教育者，在高校中这个特点很突出。但是有些辅导员却在管理工作中忽视了这个二重性。对学生是教育对象这一性质关注较多，而对学生同时又是教育者这一性质关注不够、认识不足，这就形成了辅导员在工作中“唱独角戏”的状况，工作虽然十分努力，但往往效果不佳。因此，辅导员必须清醒地意识到学生是教育的主体，他们有能力自己教育自己、自己管理自己。辅导员要充分发挥学生的主观能动性，努力培养学生的自我教育能力。

自我教育有两种基本形式。一是个体的自我教育，即工作对象通过个人的自我反省、自我解剖、自我监督、自我总结等方式，增强自我修养。个人在自我教育中，通过作思想斗争，用积极因素克服消极因素，用正确思想战胜错误思想，从而达到提高自身思想道德素质、不断完善自我的目的。二是集体的自我教育，即在一个集体内部，通过群众性的互教互学活动，互相帮助、互相促进，以提高全体成员的思想水平和政治觉悟。集体的自我教育形式多种多样，包括集体讨论、评比竞赛、民主评议、批评与自我批评等。良好的集体教育是任何思想政治工作者个人力量所不可比拟的。

2. 自我教育的方法

①理论学习。自我教育的顺利实施有赖于大学生不断加强理论知识的学习，这是因为大学生思想道德的形成是一项长期而复杂的工程，并不是一朝一夕就可以完成的，需要大学生不断学习人类积累的科学文化知识，接受品德高尚人物的熏陶，进而形成良好的道德经验。因此自我教育应植根于我国深厚的传统文化土壤，积极汲取传统文化和道德中的优秀成分，如慎独、反躬自省、见贤思齐等。

②引导学生参与社会实践。社会实践是提升自我教育能力的重要途径。在进行自我教育的过程中，辅导员要鼓励学生积极参与社会实践，加强同养老院、福利院等社会机构的联系，组织学生开展志愿服务，通过实践，提高学生的思想觉悟和辨别能力。

③建立完善的激励机制，以激发学生内在驱动力，培养学生积极进取的精神。当前高校虽然对评优评奖工作给予了高度重视，并且一年举办一次，但是该项活动并不是高校的独立行为，而是受政府政策的影响。高校应严格把控“个人小结、操行评定”这一环节，只有那些在操行评定中表现出色的学生才能被授予一、二等奖学金，同样操行评分不佳的学生则不能被授予三好学生或优秀学生干部的荣誉；同时为了保障大学生在思想道德素质方面的杰出表现，应设立“见义勇为”“拾金不昧”“助人为乐”等单项奖学金；为了激励学生的进取精神，我们应该及时利用板报橱窗等媒介，对那些涌现出来的优秀人物和事迹进行表彰。

相比于计划经济时期的大学生，成长于社会主义市场经济条件下的大学生具有显著的特点：第一，他们具备高度的思考能力，不盲从现成的结论；第二，他们有着较强的争辩意识和探究精神，喜欢独立研究得出结论。这就要求辅导员在促使学生进行自我教育的过程中，从当代大学生的个性特点出发，综合运用对比、社会调查、访问、参观等多种方式，引导学生对传统文化和现代文化、新思想与旧思想等进行对比，组织学生通过小组合作、辩论会等形式辨别优劣，进而得出正确的结论。

（五）活动吸引法

当代大学生精力充沛，兴趣广泛，充满活力，辅导员要想顺利完成工作任务，切实履行自身职责，就必须从大学生的特点出发，开展丰富多彩的活动。因为不管是校内组织的社团活动、知识竞赛、学术讲座还是学校和社区联合举办的社会实践活动，都具有广泛而深刻的教育意义，都有助于增强思想政治教育的吸引力，有助于拓宽大学生的知识结构，锻炼他们的能力，从而实现思想教育的使命。

①集体活动法。辅导员可以充分发挥基层党组织、团组织和学生干部的作用，开展党、团和班级活动，在潜移默化中对大学生开展思想政治教育，提升他们的思想觉悟和认识水平。实践证明，党组织对于大学生思想政治教育工作的开展具有积极意义，因此为了有效开展大学生思想政治教育工作，必须最大限度地发挥党组织在政治和组织方面的独特优势。同时发挥党员在高校学生中的骨干带头作用。加强对大学生党员的先进性教育，使他们严格要求自己，提高党性修养。在党的领导下，共青团作为一支由先进青年组成的群众组织，发挥着重要的作用。它不仅有广泛而深厚的群众基础，而且具有很强的吸引力和凝聚力，能有效地促进大学生思想政治教育的开展。有关调查显示，目前高校有九成以上的学生是团员，因此应充分发挥高校各级团组织在大学生思想政治教育中的作用。加强基层团支部建设，完善组织生活，使其常态化、制度化，加强团员主流意识形态教育，引导团员树立正确的人生观、价值观，加强自我教育，实现个人成长。要着力加强班级集体建设，发挥班级干部的模范作用，组织主题班会、趣味运动会等活动，发挥团结学生、组织学生、教育学生的职能。此外，高校应当将思想政治教育工作有机地融入学生会、研究生会以及学生社团、学生公寓等集体活动的各个方面，以促进学生的全面发展和成长。关于党团活动，可以组织部分优秀党员与团员，结合政治思想主题开展先进人物事迹学习经验交流会，还可以定期组织学生到博物馆、纪念馆进行参观，弘扬爱国主义精神，提高历史责任感。

②社会实践法。所谓社会实践法是指以提高人们思想觉悟和认识能力为宗旨，以引导人们参加社会活动为手段，通过丰富多彩、形式多样的社会活动帮助人们形成良好的行为习惯，进而在改造客观世界的同时改造主观世界的方法。社会实践在人们认识世界改造世界的过程中扮演着至关重要的角色，它能够促进人们的社会化进程，提升他们的思想觉悟和认知能力，不仅能够改造客观世界，对于改造主观世界也有着不可估量的作用。首先，社会实践是人的思想形成的源泉。历史唯物主义的基本原理之一是物质决定意识，人的思想属于意识的范畴，其形成过程取决于社会环境和客观事物，正确的思想是大脑对社会环境和客观事物正确的反映，错误的思想则是大脑对社会环境和客观事物歪曲的反映。人类的思想并不是凭空出现的，只有当人与客观事物接触时才能产生，而社会实践则是连接人类与社会环境以及客观世界的唯一纽带和桥梁。其次，社会实践是人的思想发展

的动力。社会实践是一个不断演进的过程，会不断超越现有水平。社会实践对人们思想意识产生巨大影响，使人们的思想观念随着社会实践的变化而发生变化。一方面，随着社会实践的不断推进，我们不断面临着新的挑战和问题，这些挑战和问题不仅冲击了人们的传统思想方式，也推动了人们进行全新的探索和思考，从而孕育出了全新的思想体系；另一方面，随着社会实践的不断推进，人们不断获得新的实践经验、认知工具和实验条件，从而提高了认知能力，促进了思想的不断发展。社会实践的形式多种多样，主要包括劳动教育、社会服务、社会考察等。

在高校思想政治教育中，社会实践扮演着连接学校和社会的桥梁的重要角色，是确保大学生健康成长不可或缺的途径。人们只有在社会实践中亲身体验，才能真正理解、吸收和消化外部教育影响和书本理论知识，从而将其转化为内在的思想观念。所以要充分发挥大学生学习积极性、主动性和创造性，必须加强学生的社会实践工作。为此，应根据不同学科和年级的特点，积极策划和组织多样化的社会实践活动，以激发大学生的参与热情和创造力。开展社会实践活动要以学生为本，贴近实际，如组织大学生前往那些在精神文明建设方面表现突出的先进地区和单位进行参观访问，或者进行专题调查以了解某些社会现象和问题，引导他们走出校门，深入到基层和工农群众中，积极互相学习和共同进步，共同迎接社会生活的挑战。大学生通过参与社会实践，可以深入了解国情、民情，增强自身的社会责任感，从而从内心深处理解和支持党的路线、方针、政策；可以激发内在的自我教育和自我管理的热情，以产生最大化的效果；有助于增强对理论的感性认识，弥补口头说教空洞无物、脱离实际的不足，有助于克服眼高手低的弱点，提高认识和处理实际问题的能力。

高校辅导员在组织大学生开展实践活动时，需要考虑以下方面：首先，要从大多数学生的兴趣出发，遵循少数服从多数的原则，要密切联系群众，具有广泛性；其次，注重实践活动内容和形式的多样性，生动活泼，趣味盎然；再次，要结合时代发展趋势，注重专业性，为大学生施展个人才能提供舞台。在社会实践活动方面，一方面可以根据学院学生专业特点邀请社会资深人士来院系与学生进行交流与对话，使学生了解社会真正需要的人才应该具备哪些素质，了解自身的能力与社会的需要之间的差距，取长补短。另一方面可以与社会团体、企业建立联系，为学生创造实习、参观的机会，加强学生的实践动手能力。可以利用加分等模式，鼓励学生在假期自主实习，学院可以为学生出示介绍信、推荐信等，全力支持学生的社会实践活动。最后，还可以在假期带领学生到一些地方进行实地考察，参观现代化农村、企业的改革成果，使学生身临其境地感受社会进步带来的发展机遇。在对学生进行思想品德教育时，辅导员本身要做到以身作则、言传身教，用自己的人格魅力做出表率，进而促使学生不断提高自己的思想道德水平。

（六）心理咨询法

随着生活节奏的加快，人们的心理压力与日俱增，甚至出现了心理问题。为了帮助人们缓解压力，保持身心健康，心理学家提出了心理咨询的主张。心理咨询指的是当人们出现心理失衡、心理障碍等问题时，凭借他们自身的能力无法解决这些问题，于是寻求专业心理学人员的帮助，以解决心理问题的一种活动。心理咨询常用的方法有交谈、帮助、教育、引导。心理咨询于 20 世纪 40 年代发源于美国，20 世纪 80 年代，心理咨询开始在我国广泛应用于心理疾病的诊治，并成为有效开展思想政治工作的新方法。

随着高校扩招以及就业形势日趋严峻，大学生心理健康问题日益突出。在高校中开展心理咨询有如下意义：首先，思想认识问题和心理问题都属于意识范畴，二者有很多相似之处，运用心理学方法解决思想问题有助于拓宽思想政治工作的视野；其次，尊重个体差异性是心理咨询得以成功实施的前提和基础，专业心理学人员只有从来访者的个性特征出发，深刻洞悉来访者的气质类型，才能客观分析其出现心理问题的原因。心理咨询的宗旨是引导来访者矫正不良的思想，善意提醒他们改变看问题的角度，进而树立积极乐观的生活态度和奋发向上的精神，这与思想政治工作的目的殊途同归，因此心理咨询有助于增强思想政治工作的实效性。

以大学生思想政治教育为主要任务的辅导员工作，是涉及教育学、心理学以及管理学等多门学科知识的一项系统工程。当前我国部分大学生心理处于亚健康状态，导致这种情况发生的原因有以下几种：首先，日趋激烈的就业环境使得大学生对于未来感到迷茫，产生严重的思想负荷；其次，不断涌现的社会问题使得大学生产生思想困惑；最后，理想与现实的差距冲击着大学生的思想价值体系，生活和学习的挫折使得他们自信心大受打击，甚至出现了悲观、焦虑等消极情绪。大学生凸显的心理问题不仅影响个人的健康成长，使其无法融入社会，严重者还有可能引发厌世和反社会人格倾向。在大学生思想政治教育工作中，传统的思想政治工作方法习惯于“填、卡、压”，难以摆脱工作方法公式化和简单化的弊病，难以做到因人而异，又往往忽略了心理方面的咨询和教育，挫伤了学生的积极性。辅导员工作中的心理咨询方法就是辅导员将心理学中的相关知识应用到思想政治教育中，结合大学生心理发展变化的规律，灵活运用心理咨询的各种方法与技巧，因势利导，达到使学生心理平衡、积极进取的目的。这是一种科学的思想教育工作方法，它的关键是深入了解大学生的心理活动规律，有针对性地对其进行启发和帮助，使其寻找摆脱心理困扰的条件和对策，恢复心理平衡，增强心理素质，提高适应能力，增进身心健康。

心理咨询是专业性很强的业务，是介于医疗与思想政治教育之间的一种职业性的帮助和顾问行为，心理咨询与思想政治教育工作有密切联系。人的心理是在社会生活中发展的，具有社会制约性的特点。在校学习的青少年学生人格发展尚未成熟，不少心理问题的产生都与这一特点有关。心理咨询能够促进来询者自强自立，自强自立的过程便是人格健康发展的过程。学校思想政治教育的一个重要目的是帮助学生树立正确的人生观、世界观和价值观，使其形成良好的思想品德，这一目标和人格的健康发展具有一致性。心理咨询和思想政治教育都以促进青少年学生健康成长为目标，这个共同目标是这两项工作的交叉点和重合点。辅导员在对青年学生从心理上进行疏导和帮助的时候，必须坚持正确的教育方向，把心理上的启发、疏导同帮助学生树立正确的人生观、世界观和价值观有机地结合起来。当然，心理咨询和思想政治教育工作的任务和内容虽然有一定交叉，但工作目标的侧重点并不相同，两者有明显区别。心理咨询是一种特定的专业，它有系统的理论、方法与技巧，在许多方面都不同于一般的思想教育工作。值得提出的是，辅导员必须改善知识结构，深入了解心理咨询相关知识和技巧，不能用一般的思想政治教育工作代替心理咨询。如有条件，辅导员应接受心理咨询的专业培训，对心理咨询、心理治疗的理论和方法有一定程度的了解，要善于体会、理解、分析学生的情况，提高心理咨询的理论水平与实践技能，加深对心理咨询理论与实践方法的理解，为课后进行个别学生的心理咨询做好知识和方法的储备，否则很难胜任。

心理咨询法的运用需要遵循一定的步骤：第一步是掌握材料；第二步是分析诊断；第三步是劝导帮助；第四步是检查巩固。辅导员开展思想政治工作时如果要应用该方法，也需要遵循以上步骤。掌握材料，主要是了解思想政治工作对象的基本情况以及与他们有关的背景材料。这包括两个方面：一是掌握大学生的基本情况，如年龄、民族、政治面貌等，可根据不同的人采取不同的方法来充分掌握第一手材料；二是弄清大学生的心理问题，主要是准确把握他们心理问题的症结以及前来咨询的目的。分析诊断是在掌握材料的基础上进行系统思考，详尽分析，从而把握大学生心理问题的实质，提出诊断方案，并根据思想政治工作对象对方案进行优化筛选，确定解决问题的途径和方法。这一阶段需要使大学生积极配合。劝导帮助，是指在选定解决问题的方案后，要劝导和帮助思想政治工作对象有效地实施治疗方案。思想政治工作者一般要扮演两个角色，一个是教师的角色，即对思想政治工作对象提供信息，传授知识，解答疑难，端正认识；另一个是医生的角色，即针对思想政治工作对象的心理问题，采取相应的校正和治疗措施。思想政治工作对象的心理问题经过分析诊断、劝导帮助后，一般都会有不同程度的改善，但这并非意味着咨询过程的终结，还需要进一步检查巩固。检查巩固阶段的主要任务是搞好追踪研究，通过明访暗察等形式了解情况，以巩固和扩大咨询的成果。

辅导员运用心理咨询方法时，要正确认识心理咨询与大学生思想政治工作的联系与区别。心理咨询与大学生思想政治工作本质上都是帮助大学生解决思想问题，都是在认知、情感、意识、行为四个层次上进行的，是互相渗透的。所以，大学生的思想问题可以通过心理咨询来解决，某些心理障碍也可以通过世界观、人生观、价值观教育得以解除。但两者也有区别，心理咨询是心理学的特有方法，是从人的一般心理过程和兴趣、气质、性格等个性心理特征方面研究人的一般心理规律，而大学生思想政治工作则是从宏观角度、从社会生活方面研究人、了解人。总而言之，心理咨询与大学生思想政治工作是相互渗透、相互补充、相互促进的。思想政治工作可以保证心理咨询的正确方向，心理咨询可以提升思想政治工作的吸引力、感染力和实效性。

需要指出的是高校辅导员工作作为思想政治教育的一个重要组成部分，是一种复杂的人类实践活动，其面临的对象、所处的环境和所要解决的问题往往不简单。因此，在思想政治教育具体实践中，常常并不是运用某些单一方法就能解决问题，完成任务，实现目标，而是需要多种方法的综合运用。

第二节　高校辅导员工作方法中存在的问题

辅导员工作是大学生思想政治教育的主渠道，从设置辅导员岗位以来，辅导员作为学生的良师益友在学生的成长中发挥了重要的作用，为国家的建设培养了大量合格的人才。许多学生已经成为国家建设的栋梁和骨干力量。这些成绩说明，辅导员在学生的成长过程中发挥了重要的作用，已经成为学生的人生指导者。但是，从现实的角度来衡量，按照辅导员工作的要求以及时代发展出现的新情况，学生工作面临着新的挑战，因而辅导员工作存在着诸多问题。研究这些问题，分析其中的原因，有助于探讨辅导员工作的新方法，不断提高辅导员的工作效果。

一、辅导员工作方法中存在的主要问题

大多数学生认为，辅导员更多地充当管理者的角色，执行一些上级领导下达的行政命令。由于他们的时间和精力有限，而学生又多，因而很难顾及大学生的具体思想状况，对思想政治教育也有所松懈。

教育部连续17年对大学生思想政治状况的调查显示大学生的思想道德素质进一步提高，精神风貌积极向上，对主流价值观表现出较高的认同，生活方式积极健康，有强烈的成才愿望。当今的大学生，依然是奋发向上的一代。但还存在一些问题：第一，部分大学生对一些重大政治理论问题的认识比较模糊甚至出现常识性错误，如调查中有这样一个选项“必须坚持马克思主义在我国意识形态领域的指导地位”，13%的学生的回答是“说不清”，8.5%的学生持反对意见，表示“不同意”；在对“社会主义和资本主义逐步趋同”这个问题上，22%的学生回答是“说不清”，35.8%的学生认为该观点是正确的，表示“同意”；在对“私有化是我国社会发展的必然选择”这个问题时，20.5%的学生表示“说不清”，31.9%的学生持赞同态度，认为该观点是正确的。这些现象的存在表明，当代大学生将更多的时间和精力投射到自身，更加关注自身的成长、成才，而忽视国家的发展趋势，对国家的方针政策较少关注，还有一部分学生思想简单，不愿意或者没有时间思考深层次的理论问题；经济全球化进程的加快使得西方的思想潮流涌入我国，冲击着我国传统的价值体系，资本主义制度和社会主义制度间的矛盾越发凸显，一定程度上影响了大学生的社会主义信念，等等。[①]第二，部分大学生功利意识增强，集体主义意识淡化。越来越多的大学生将个体价值是否实现，自身是否能获取利益以及获取利益的多少作为衡量是否成功的唯一标准。例如，调查中有这样一个选项“在实际生活中什么样的人最容易得到实惠”，25.73%的学生回答是“人脉较广，擅长利用关系的人”，26.3%的学生认为有真才实学、能力较强的人最容易得到实惠，17.5%的学生认为勤奋好学、不怕辛苦的人最容易得到实惠，仅有11.7%的学生表示具有良好的品格、真诚善良的人才能得到较多实惠。在面对“处理人际关系原则”这一问题时，41.6%的学生认为应该以个

① 广西高校师生思想政治状况调查课题组.2003年广西高校大学生思想政治状况的调查[J].高教论坛，2004（1）：24-28.

人利益为先但是不能损害他人的利益。这种现象表明，随着时代的演进，大学生的主体意识和自我意识不断增强，强调个人价值的实现，与之相对应的是集体主义意识在逐步淡化。例如，在调查“未来就业考虑因素”这个问题时，大部分学生表示他们的衡量指标是：该工作是否能够实现自身价值，是否稳定，薪资待遇是否较高，福利是否较好，休息休假的权利是否得到保障。[①]部分大学生受务实价值观的影响，过分强调自我，将是否能实现自我价值作为择业的唯一准则，虽然有部分学生表示自身有着远大的人生理念，但是行动迟缓，为人生理想奋斗的动力明显不足。这些现象表明，当代大学生学习、择业带有一定的功利色彩。该调查涉及大学生入党动机的相关项目，在回答“据您观察，现在许多大学生积极要求入党的主要动机”这一多项选择时，53.4% 的学生表示入党后对于未来就业有着积极意义，相比于群众，党员更受用人单位的青睐；36.9% 的学生的回答是“理想信念的追求”；33.1% 的学生表示入党后有利于未来仕途的发展。第三，虽然大学生有着政治进步、思想觉悟和认识水平提升的强烈愿望，但是他们参与政治活动的积极性并不高，表现出一定程度的“知”与“行”的不统一。对“认为自己和周围的同学加入党、团组织的动机和目的”的调查，28.8% 的学生表示入党入团有助于自己将来就业，能够帮助自己找个好工作；27.8% 的回答是加入党组织和团组织有助于自身社会价值的实现，有助于锻炼自己，进而成为社会需要的合格人才；24.9% 的学生表示加入党、团组织有助于提升自身的政治素养和文化修养，更好地完善自己；16.1% 的学生表示周围的人都在积极入党和入团，如果自己不加入感觉不好；4.4% 的学生表示自己对仕途感兴趣，入党和入团有助于谋求仕途，能捞到政治资本；只有 2.4% 的学生表示自身有着坚定的政治信仰，崇敬共产主义。[②]面临这些问题，辅导员要进行有效的思想政治教育工作需要艰辛的努力。同时，在教育过程中，还存在的问题如下。

第一，辅导员自身对很多问题的模糊认识影响了对学生的教育。一些辅导员自身素质不高，或者对复杂的思想问题缺乏必要的知识储备，所以，无法从政治立场和思想观点上给学生以正确的引导。第二，教育方法滞后。由于政治理论本身具有抽象性、严肃性，辅导员在政治理论辅导时不自觉地“板起面孔”，思想政治教育的工作方法不够灵活，而理论说教的方式往往不易为学生所接受。当今

① 时美英，宋倩．高职院校大学生思想政治状况调查分析及对策[J]. 安徽电子信息职业技术学院学报，2006（6）：19–21.

② 时美英，宋倩．高职院校大学生思想政治状况调查分析及对策[J]. 安徽电子信息职业技术学院学报，2006（6）：19–21.

大学生思想比较开放，容易被一些新鲜有趣的事物吸引，如果没有较好的引导方法，只是使学生学习枯燥的文件、方针、政策，就很难引起大学生的关注与兴趣。第三，理论说教与社会实践相脱节。目前高校辅导员对学生进行政治理论教育时缺少了理论与实际相结合的方式，一方面对社会发展的现实没有给予理论上的解释和升华，另一方面也没有通过活生生的社会实践为理论的宣传提供基础。第四，教育理念滞后。在对学生进行人生观、价值观及思想品德教育时，部分辅导员往往是以一个学生管理者的身份对待那些在思想上出现偏差的学生，没有意识到其实这些学生需要的不是单一的批评与教育，而是需要有人从切实关心他们的角度出发，为他们提出值得参考的意见和提供帮助，使其得到适当的引导。因此，辅导员更应该以“朋友”或是“家人”的身份出现在学生面前，放低自己的姿态，使学生深切感受到辅导员是在为了他们的成长与前途考虑，而不是单单为了给予他们惩罚与警告。从大学生的心理角度来看，青年时期逆反心理都比较强，如果采用激烈的方式，很容易使学生的感情、自尊心受到伤害，引起矛盾的激化。因此，辅导员在批评教育学生时，要注重方式方法，结合每一名学生的性格特点，采取不同的方法，使学生的身心能够健康成长。第五，缺乏教育的艺术和技巧。一些辅导员的思想政治教育工作缺乏相应的技巧和技能，无法吸引学生的注意力，无法真正地感染学生。当然，大学生的思想政治工作是一个系统工程，辅导员的工作只是其中的一部分，而不是全部。这里仅仅是从辅导员的角度来进行分析。但是，通过相关调研，我们也发现目前辅导员工作中也存在一些问题，主要表现以下几方面。

（一）辅导员对大学生行为的规范化管理过程中存在着一定漏洞

首先，由于作息制度管理、请销假审批、教室寝室卫生检查，上课等考勤，学生档案材料管理，学年小结、评优评先、奖贷勤补免经费发放等都在辅导员管理职责之内，事务繁杂琐碎，而辅导员精力有限，所以很难面面俱到，很难保证每一项管理工作都做到天衣无缝。因此，辅导员在大学生行为的规范化管理过程中存在的最大问题就是不能做到细致入微、持之以恒。当然，辅导员的工作过于繁杂，要做到对每一件事都事必躬亲也不太现实，但是辅导员可以采取其他措施来弥补其管理工作中的漏洞。显然，部分辅导员忽略了学生自我管理这一块，没有认识到学生干部可以成为辅导员的得力助手，学生的自我管理可以成为辅导员管理工作的重要补充。其次，有些辅导员虽然启动了学生干部管理机制，但没有制定出一个考核学生干部工作是否做到位的考核体系。如果学生干部工作没有做到位，依然不能有效地监管学生，同时也就丧失了设置学生干部的作用。因此，管理工作要做到一视同仁，从严要求，按章办事；要做到量化、数据化，耐心细致，严肃认真；要做到制度化、规范化，要从头做起，持之以恒。再次，工作按部就班，缺少必要的灵活性和创新性。由于学生工作中，日常性的工作占用了大部分时间，如国家奖学金、助学金的评定，新生的入校、毕业生的离校工作，助学贷款以及学生会管理等，每个阶段都有固定的工作内容，人数较多的学院，辅导员配备不够，完成基本工作都非常紧张，更不用说有时间去在学生管理、学生活动上创新了。同时由于辅导员多数是留校生，学在这里，工作在这里，对一些新思想、新状态较少接触，这也是工作按部就班、没有创新的重要原因之一。

（二）辅导员对大学生进行心理健康方面的引导和教育不够

当前高校学生因为就业问题、家庭问题、经济问题，以及学生之间差距过大等问题形成了一个心理压力较大的群体。随着经济全球化的迅猛发展和社会主义市场经济体制的确立，我国已然卷入国际市场竞争的漩涡中，市场竞争日趋激烈，而高校扩招方案的实施使得大学生的数量逐年攀升，就业形势日趋严峻，就业前途未卜成为大学生最为苦恼的问题，大学阶段的生活、学习和中学阶段的生活、学习有着明显的不同，部分大学生无法适应这种转变，面对生活和学习上的难题时，往往无所适从，进而形成心理压力。调查显示，18%的学生感到压抑，17.58%的学生感到空虚。①

辅导员的心理辅导工作在实际中存在的问题如下。

第一，知识储备不足。一些辅导员缺乏相关的心理学知识和相关的知识储备，不了解学生的心理动态和心理特征；辅导员的心理辅导方法与技巧还不够专业，对心理学的基本理论和知识的学习还不够。辅导员是大学生的引路人，与大学生的关系最为密切，面对综合素质不断提高的大学生，辅导员的个体素质也要持续提高。当代大学生涉猎广泛，辅导员在做好本职工作的同时，也应积极汲取社会学、美学、历史等方面的知识，不断更新知识结构。

第二，工作的范围有限。辅导员的心理健康教育工作一般仅局限于那些主动求助的学生，而那些不愿敞开心扉的学生，辅导员很难发现他们的问题，更谈不上在心理和行为上给予学生指导与帮助。

第三，预防缺位。大多数辅导员都把工作重心放在解决学生心理问题上，很

---

① 时美英，宋倩．高职院校大学生思想政治状况调查分析及对策[J].安徽电子信息职业技术学院学报，2006（6）：19—21.

容易忽视预防的作用。只有把防范工作做到位，在学生思想出现问题之前进行科学有效的引导，才能从根本上解决大学生的心理问题。显然，辅导员与学生的交流还远远不够。

第四，师生比例失衡导致辅导员精力不足。有的学校辅导员与学生比例接近1∶50，有的学校达到1∶600，甚至一个辅导员对应的人数更多。而辅导员老师又工作繁忙，精力有限，这样，他们就不可能有充裕的时间和每一名同学沟通，也不能通过调查、研究、访问，及时了解每名同学的最新情况，导致在个别情况下不能及时、有效地处理学生的问题，纠正学生的不良思想行为。在实际工作中，辅导员的工作重点也存在一些偏差，如辅多导少，关心特殊群体多、关心普通学生少，与学生沟通多、与任课老师交流少，辅导员对学生文化教育多、思想教育少。辅导员在平时要加强对学生进行道德品质教育，使学生在思想根源上具备面对问题、解决问题的能力；辅导员还要定期邀请心理学方面的专家对大学生进行教育，以更专业的角度解决学生的心理问题；在预防环节，辅导员还要经常找学生谈话、定期发放心理调查问卷，及时了解学生的心理动向，做学生的朋友。

（三）辅导员对学生进行就业指导中存在的问题

就业是关系国计民生的重要问题，能否提升就业质量、缓解就业压力直接关系着我国国民经济能否持续健康发展。在市场经济条件下，市场在资源配置中起着主导作用，人力资源作为社会资源的重要组成部分，自然也要遵循市场规则。计划经济条件下，我国大学生就业采取的是包分配制度，即大学生毕业后由国家分配工作。伴随着社会经济体制改革的推进，我国的就业制度也进行了一系列改革，自主择业、双向选择的就业制度成为主流，即大学生毕业后根据自身的意愿自由选择工作岗位，用人单位根据企业规划决定是否录用大学生。近年来大学生就业难已然成为社会关注的热点问题，造成这种现象出现的原因有以下几点：第一，高校扩招计划的实施使得大学生数量激增，同时受金融危机的影响，国际市场萎缩，经济下行，就业岗位有限，供求关系不平衡；随着社会经济的发展，产业结构不断优化升级，社会对于人才提出了更高的要求，与之相对应的是，某些高校沿袭传统的教育模式，学科建设滞后，专业发展与社会需求相脱节，一些高校毕业生的质量无法满足用人单位的需求，对大学生就业产生了不利影响。面对日趋严峻的就业市场，一些学生在填报高考志愿时，优先考虑的问题是选择该专业在未来是否好就业。有关调查显示，大一、大二学生中的大部分学生已然开始思考就业问题，并表示就业前途未卜是困扰他们的最大问题。在面对考研动机时，将近一半的学生表示缓解就业压力是考研的主要动机，这一点在考研动机中位居首位，同时考研和就业也是大学生最常讨论的话题之一。①

辅导员在指导学生就业和进行职业规划中存在的问题：在指导学生就业过程中，辅导员只是在学生大四时才开设就业指导课和相关培训讲座，并没有系统地对学生进行职业生涯规划。在帮助学生就业的过程中，应该加强院系与往届毕业生之间的联系，利用他们在社会上的人际关系与职场经验，为准毕业生提供实习和就业的机会。除此之外，社会就业环境的严峻也给辅导员造成很大的压力，从而使其产生悲观的心理，这会对辅导员指导大学生就业和进行职业规划产生负面影响。

（四）辅导员处理突发事件的能力不强

部分年轻辅导员在处理突发事件时表现为经验不足、对事件的控制力不强。为做好防范工作，辅导员应该在政治上高度敏感、在思想上高度警惕，开展针对性的教育活动，在学生中深化爱国主义、集体主义和社会主义的主旋律教育，为维护稳定奠定思想基础。

在高校内部发生突发事件后，辅导员应当领导学生干部，充分发挥说服教育和正确引导学生的作用，以确保学生在关键时刻得到恰当的引导和支持。此外，辅导员还需妥善应对遗留的问题，如及时对事件进行总结分析；与学生干部和参与事件的学生进行深入交流，以加深他们对事件危害性的认识，并使其从中汲取深刻的教训；对事件中遭受损坏的公共物品进行修复；消除事件所带来的不良影响等。妥善处置高校突发事件应坚持如下原则：首先，处理政治性事件和非政治性事件都应坚持四项基本原则，对影响高校稳定的因素进行严厉打击，对所有破坏高校稳定的行为旗帜鲜明地加以反对；其次，坚持在内部解决矛盾，当矛盾发生时不能避重就轻回避矛盾，更不能觉得自身能力不足，无法解决矛盾，而将矛盾推给上级部门和社会。对于犯轻微错误的学生，要本着爱护、挽救的原则，使学生改正自己在思想和行为方面的错误。在进行思想教育和批评的时候，要注重方式方法，使学生乐于接受，达到良好的说服效果。

（五）运用网络开展思想政治工作的不足

近年来，随着通信和网络技术的日趋成熟，互联网以其传播信息量大、传播

① 张广鑫，柳克方．多样性选择下的大学生思想政治状况研究：大学生关注的热点问题调查报告[J]．辽宁师范大学学报（社会科学版），2008（3）：65–69.

速度快、具有高度开放性等特点，在信息传播领域的作用日益凸显。高校大学生追求时尚，乐意接受新生事物，互联网所具有的显著优势受到大学生的青睐，得以迅速普及。网络已经成为大学生活中不可或缺的重要组成部分。网络的发展不仅为大学生提供了展示自身才能的舞台，有助于提高他们的综合素质，而且有助于推动高校改革迈入新的阶段。网络打破了时间和空间的界限，大学生可以利用网络搜集自己感兴趣的信息，可以与世界上不同国家、地区的人们交流思想。网络所具有的便捷性、隐匿性极大地激发了大学生的求知欲和想象力，他们渴望进入这个自由、开放的新世界。大学生借助互联网这个载体进一步认识世界，展现他们的开拓精神和时代精神，不断完善和提高自己。

有关调查显示，大学生上网人数和上网频率呈逐年上升趋势，互联网对于大学生的影响是深远的，它不仅改变了大学生的学习模式、行为模式，甚至在潜移默化中使他们的政治态度、道德观念也都发生了不同程度的改变。如何提升互联网环境下高校学生思想政治工作的质量和效率是教育界的专家学者探讨的热点问题。网络是一把双刃剑，一方面它为高校思想政治教育工作提供了机遇，使得高校思想政治教育工作的渠道得以拓展，面对成长环境、教育背景、兴趣爱好各不相同的大学生，网络可以结合他们的个性特点，开展针对性的工作，如有的学生性格内向，不善交流，但在网络这个自由的世界中可以畅所欲言，辅导员可以借助网络加强与该生的沟通交流，疏导压力，解决问题，从而取得较好的教育效果。另一方面，网络也给高校辅导员工作带来新的挑战，具体表现在以下方面。

①使辅导员的思想政治工作的内容面临挑战。互联网作为一种新型传播媒介，它与报纸、广播、电视等传统媒介有着很大不同，传统媒介的信息传播有着严格的流程，只有经过审核通过后的内容才能进行传播，也就是说这些媒介传播的信息具有一定的权威性和严肃性，互联网则不然，网络世界中的人有着双重身份——他们既是信息的接收者也是信息的传播者，任何人都可以在网络中发布信息，特别是伴随着网络技术的日渐成熟，以微博、微信为代表的 Web2.0 时代悄然来临。在网络世界中，用户可以自由彰显个性，信息传播去中心化的趋势越发明显，同时网络的匿名化和海量化使得网络上充斥着大量未经过滤的信息，参差不齐，使得网络的可信性和客观性大打折扣。传统的大学生思想政治教育中，教育者占据主导地位，为了提高思想政治教育的质量，教育者精心筛选教育内容，通过灌输的方式将思想政治教育的内容传授给学生。这种模式具有教育内容科学化、系统化的优势，但同时又具有教学手段单一、无法引起大学生兴趣的缺陷。蓬勃发展的网络技术给传统思想政治教育带来了巨大挑战。有关调查显示，互联

网已成为大学生获取信息的主要渠道之一。尤其值得注意的是，大学生可以根据自己的需要自主选择网络上的信息，但受年龄和阅历的影响，大学生的思想还不够成熟，面对海量的信息，他们有时无法有效地辨别真伪。除此之外，伴随着高校体制改革的不断深入，高校与社会的联系日益密切，社会中的一些不良行为渗透进入高校，使得辅导员需要面对更加多元的局面，处理更加棘手的问题。部分心理素质较差的学生在学习、生活中受到挫折，选择沉溺网络世界，沉迷网络游戏，网络诈骗、网络赌博、网络色情等现象层出不穷。传统思想政治教育工作很少有涉及网络的内容，这就导致辅导员面对犯罪分子利用网络侵害学生利益的行为不知所措。随着时代的进步，人们对于网络的重要性有了更加深刻的认识，信息传播领域将网络称为继报纸、电视、广播后的第四大传媒。有关研究表明，网络在推动大学生社会化的过程中起着重要作用，且地位日益凸显，与之相对应的是，网络教育在推动大学生社会化过程中的作用在不断下降。研究人员就大学生利用网络进行思想政治学习进行了相关调查，结果发现，仅有 5% 的学生表示他们经常会在课外时间浏览访问思想政治教育网站，33% 的学生表示从未点击过思想政治教育网站，62% 的学生回答他们会偶尔点击思想政治教育网站。当前高校大学生对思想政治教育网站的需求和关注度不断提升，同时他们也希望得到更加及时、准确的信息服务。因此，加强思想政治教育的网络化建设，提高网络思想政治教育的吸引力，发展丰富多彩、积极健康的网络文化的任务十分繁重而紧迫。[①] 这不但增加了辅导员工作的量，而且从工作方法、工作技能、工作途径等多方面对辅导员提出了更高的要求。

②在传统媒体信息传播中，信息的主导权掌握在少部分人手中，大部分人只能被动地接收信息。网络技术的发展使得信息传播领域发生了翻天覆地的变化，信息已不再是少数人的特权，而是大多数人都可以分享利用的工具。大学生和辅导员都可以利用网络获取信息，甚至信息技术较高的大学生获取信息的渠道比辅导员还要广泛。因此，高校思想政治工作顺应时代发展要求，充分发挥互联网的优势，加强网络阵地建设，探索网络时代高校辅导员开展工作的新方法和新思路。

二、辅导员工作方法中存在问题的原因分析

辅导员的工作繁杂而艰苦，需要投入大量的精力和情感，但成效却难以量化，也难以立竿见影。责任心是做好辅导员工作的原动力，拥有爱心与智慧是做好辅

① 周进．大学生思想政治教育状况调查[J]. 政工研究动态，2007（17）：36–38.

导员工作的基本条件。但身为学校管理机构中的普通一员，辅导员自身的思想及心理也需要引导，在关心爱护学生的同时，也需要来自学生的肯定与鼓励。可以说，每一位辅导员在其工作岗位上，都希望把自己的热情与能力发挥到极限，从而更好地为学生服务，更好地协助学校保持良好的校园秩序。但由于辅导员工作本身所处的工作环境和性质，往往有很多主观和客观原因导致辅导员工作方法存在问题，无法尽善尽美地完成工作任务，使得预期目标和实际效果存在偏差。究其原因主要有以下几个方面。

（一）辅导员自身定位不准确

辅导员既是管理者，又是服务者，是为学生的工作服务的，是思想的教育者，也是道德的传输者。辅导员需要转变工作观念，由管理型向引导服务型转变。学生工作必须以学生为出发点，以促进学生全面健康发展为落脚点。教育好学生并不是一句空洞的宣传口号，需要辅导员以平等、包容的心态来对待每一位学生，尊重学生的主体性，注重挖掘学生的内在潜能，最大限度地发挥学生的积极性、主动性，满足每一个学生成长成才的需要。辅导员要始终站在学生的角度思考问题，始终维护学生的合法权益，当学生遇到开心、愉悦的事情时和他们一起开心，当学生遇到困惑，感到迷茫时，为他们排忧解难，从而实现教育效果的最大化。一名合格的辅导员不仅承担着管理学生的责任，而且起着教育引导的作用。大学生由于年龄较小，阅历尚浅，不可避免地存在一些心理上的弱点，如有的大学生是独生子女，受到家里所有人的宠爱，导致他们从未遭受过挫折，心理承受能力较差；有的学生喜欢独来独往，缺乏集体观念等。尽管大学生的生理机能已然成熟，但其心理水平还有待提高，他们思维活跃，思想开放，乐于接受新鲜事物，同时也容易受到不良思想的诱惑，从而走入歧途。大学时期是人生观、价值观形成的关键阶段，如何引导和帮助大学生形成高尚的思想道德和完善的人格是辅导员需要思考的重点问题。这就要求辅导员深入学生群体，了解学生思想情况，把握其思想变化，加强与学生的沟通交流，以身作则，言行合一，以自身的人格魅力感染学生，引导他们走向正确的人生轨迹。做好学生工作，首先是要明确与学生关系的定位，辅导员要认识到自己与学生在人格上是平等的，要将自己当作学生的朋友，而不是上级或领导。要注重情感沟通，建立和谐融洽的师生关系，只有深入学生的内心世界，与他们进行全方位的互动，才能与他们建立良好的互动关系。实践证明，只有真诚地对待学生，将学生当作朋友，才能消除沟通中的障碍，赢得学生的信任和认可。其次，要树立为学生服务的意识。辅导员工作是一项以人为本的工作，其工作对象是在校学生，所以辅导员的工作应该是尽一切力量在他们的学习、生活、思想各方面予以帮助引导，解决实际问题，有时要从大处着眼，小处着手。服务优先，因为细节决定成败。总之，要从全局着想，从点滴处着手，保障学生顺利完成学业。与学生相处，关键要做有心人，要有“三心”，即热心、真心和爱心。对辅导员而言，也要有新的转变，应从居高临下到平等民主，从单向管理到双向互动，从封闭到开放，从教育者到共同学习者。

（二）辅导员自身综合素质还有待提高

辅导员主要负责学生政治思想教育工作，是保证党的教育方针的贯彻、教育任务的完成和各项教育目标实现的前线“总指挥”。同时，辅导员还是学生在学习、生活、心理、就业等方面的指导者。工作性质的复杂性意味着辅导员要做学生的良师益友就必须掌握丰富全面的知识，不仅要有帮助学生的热心，还要有解决问题的能力。辅导员必须具备以下三个方面素质：首先，要具有较强的政治理论水平和较高的思想觉悟。这是培养学生具有较好理论素质和思想素质的前提。其次，要具有良好的职业道德，要热爱学生、尊重学生。在教育管理过程中，特别是做奖惩工作时要坚持原则，做到为人师表，真心实意关心学生成长，满腔热情地帮助学生进步。再次，应具有良好的知识结构。大学生求知欲强，喜欢探索，他们崇尚科学知识，追求真理，乐于探索社会问题。对大学生的教育必须融思想性、知识性、趣味性于一体，才能取得良好的效果。从能力方面讲，辅导员主要应具备组织能力、协调能力。组织能力是对教育管理工作的实施起到领导作用，最重要的是识人用人，做到知人善任，调动好学生干部的积极性，共同把工作做好。协调能力，就是要在复杂多变的环境下，在各种关系中，处理好各种矛盾，及时解决问题，既体现原则性又具有灵活性，这样才能解决好学生中的各种问题。

（三）“工作倦怠”现象不同程度地存在

职业倦怠症又称职业枯竭症，它是一种由工作引发的心理枯竭现象，是在工作的重压之下所体验到的身心俱疲、能量被耗尽的感觉，这和肉体的疲倦劳累是不一样的，而是源自心理的疲乏。职业倦怠的特征表现为一个人长期从事某种职业，在日复一日重复机械的工作中，渐渐会产生一种疲惫、困乏，甚至厌倦的心理，在工作中难以提起兴致，打不起精神，只是依仗着一种惯性来工作。据调查，人们产生职业倦怠的时间越来越短，有的人甚至工作半年到八个月就开始厌倦工作。职业倦怠经常表现出来的症状有三种：第一种是对工作丧失热情，情绪烦躁、易怒，对前途感到无望，对周围的人、事、物漠不关心。第二种是工作态度消极，对服务或接触的对象越发没耐心、不柔和。第三种是对自己工作的意义和价值评价下降。专家表示辅导员是职业倦怠症的高发群体，将个体的内部资源耗尽而无补充时，就会引发倦怠。不过，压力过低、缺乏挑战性的工作，由于个人能力得不到发挥，个体无法获取成就感，也会产生职业倦怠。高校辅导员的工作倦怠在现实生活中同样存在，并表现在多个方面。在生理方面，经常产生疲劳感，精力难以集中。在心理方面，感到思想政治工作没有意义、没有价值，对待工作冷漠、厌倦，对工作缺乏进取心，情绪波动大、性急易怒，时常有离开工作岗位的想法。在行为上，工作中尽量减少接触或拒绝接触学生，消极对待上级布置的工作，工作主要是为了应付上级的安排，不能结合学生的实际情况创造性开展工作，等等。

（四）专业化程度不高

目前，辅导员的专业化程度还不高，相关知识比较欠缺，没有接受思想政治教育专业知识的学习和培训。

1. 各高校对辅导员队伍的培养力度远远不够

一是培训少。高校辅导员队伍的职业培养力度明显不足，上岗前缺乏必要的专业培训，许多新辅导员想把工作做好，却力不从心，不得要领。在工作中，更缺少有针对性的、与时俱进的新观念、新知识的培训，当他们意识到知识的匮乏时，只能通过自学来达到“自我能力提高”，但在实际操作上又是十分困难的。必要的培养的滞后严重阻碍了辅导员队伍的专业化和职业化进程。二是进修、考察学习机会少。同时，辅导员的工作压力很大，其自身也需要情绪上的释放和思想上的引导，辅导员心理也会出现各种问题，而学校往往忽略了对辅导员心理的引导与关心。如果辅导员自身的问题没有解决好，就谈不上有效地为学生服务。

2. 辅导员队伍建设体制不完善

辅导员的职业成就感需要提升。辅导员工作的角色模糊和相关激励机制的不完善影响了辅导员工作的积极性。辅导员的调配与晋升问题涉及辅导员自身的能力因素、与领导的沟通交流因素以及辅导员工作的年限因素等。选拔有能力的辅导员担任更重要的工作岗位以及如何安置好工作年限较长、能力一般的辅导员是辅导员内部调配与晋升的关键性问题。实际上，安置好此类辅导员也是解决好绝大多数辅导员的“出路”问题。这个问题解决得好，就会对大多数辅导员的心理预期和激励产生正面的影响，解决得不好，对以后辅导员的去留问题就会起到负面的作用。

3. 考核指标体系仍待完善

辅导员职责的不确定导致工作难以量化，考核缺乏必要的依据和标准，无法根据辅导员工作的实际绩效形成奖惩体系。因此，考评体系的不完善在一定程度上也影响了辅导员的职业成就感和工作效率。

4. 辅导员配置与结构不合理

为了满足学生不同的期望，辅导员需要全身心地投入角色转换中，然而在实际工作中，这种投入可能会偏离预期。尽管各高校明确规定高校辅导员的重点工作是开展多种形式的思想政治教育，然而在日常工作中则更多地从事维持秩序、打印文件和下达通知等任务，想象中的工作内容与实际中的工作内容的冲突使得辅导员倍感茫然。教育体制改革的不断深化使得高校辅导员逐渐演变成集教育、管理、服务于一体的角色。这就导致学校各个部门的日常工作最终仍由辅导员来完成，使得辅导员承担本不属于自身的职责，从而对会对学生的思想政治教育产生不利影响。

随着时代的变迁，大学生对于学业、心理、生活、就业等方面的服务需求呈现出越来越多元化和个性化的趋势，因此，我们需要引导学生转变观念，建立起一个教育、管理、服务相互融合的专业体系。辅导员作为开展学生工作的骨干力量之一，在促进大学生成长成才中发挥着重要作用。在高校学生思想政治教育工作中，辅导员是不可或缺的中坚力量，他们肩负着管理和教育职责。近年来，随着我国高等教育事业的不断发展，各地区高校相继设立了相应的辅导员机构，配备了一定数量的专职或兼职辅导员。然而，我们也观察到当前辅导员队伍的建设存在着一系列不利现象，诸如年龄结构单一、学历水平低、非正常流动情况严重、发展前景不明朗、低水平重复性事务干扰等，尤其是在地方高校，因受到高校办学水平和行政隶属关系制约，辅导员队伍的建设情况更是令人担忧。针对这种状况，国家各级主管部门以及地方高校都制定了一些改革措施，如明确辅导员思想政治教育工作者和教师的双轨发展方向、实行辅导员聘任制度、完善辅导员的考核与激励制度、提高辅导员学历水平等。

（五）辅导员的社会地位没有得到充分认可

随着我国实施科教兴国、人才强国战略和高等教育改革的不断深入，社会对大学教师的认可度越来越高。从总体上说，大学教师的政治地位、经济地位近年来也不断提高。虽然一再强调思想政治工作的重要性，但从事思想政治工作的辅导员社会地位相对来说仍然比较低。

第一，辅导员工作被忽视。一直以来，人们对辅导员的地位和作用缺乏科学的认识。

第二，工作与待遇的反差影响了辅导员积极性发挥。

第三节　高校辅导员工作方法创新途径

一、注重思想引导

坚持以马克思主义为指导，把习近平新时代中国特色社会主义思想贯穿于辅导员工作全过程。高校辅导员的身份是大学生的思想政治辅导员，最主要的任务是做好学生的思想政治工作。大学生是明日之星，他们富有激情和朝气，将来还要成为时代的栋梁之材，承担起国家建设的任务，为实现中华民族的伟大复兴而贡献自己的力量，因此，对于这群学生的教育是重中之重。做好意识形态工作是当前工作的一个重点。一方面，大学生对外界事物了解不多，对外界的是非对错判断能力有限，对社会现象的看法存在片面化。另一方面，他们遇到问题时容易激进不理智，控制不住自己的情绪，容易受他人左右，有从众心理等。因此，辅导员要发挥自身的优势和作用，结合当前形势，结合新时代背景特点，教育学生把自己的前途、理想同国家的命运紧密结合在一起，深深扎根在人民群众当中，牢牢树立为人民服务的思想，忠于人民、奉献祖国。

二、强化大学生的心理健康辅导

大学生们来自不同家庭，成长和生活环境都不同，在行为、习惯、思维模式等方面都有很大的不同，因此在处理相同问题时也会有不同的方式。高校要定期开展有针对性的广泛而有效的心理讲座，建立校园心理健康咨询中心。

辅导员必须引导学生走向正途，引导他们成为身心健康、符合党和国家需求的人才。辅导员首先必须从自身做起，客观认识自己，不断丰富自身的精神生活，调整好自己的情绪，保持自身心理健康，以身作则，成为学生们的楷模和表率。其次要不断提升自身的洞察力，对学生的言语和行为进行敏锐的观察，同时还要时刻关注着学生，善于发现学生的闪光点，不断加强与学生的交流互动，随时倾听他们的心声，从而获得他们的信任和支持，使学生就能够及时向辅导员表达自己的想法。这样不仅可以使辅导员更了解学生，而且还能够更好地掌握学生的思想动态，从而有针对性地开展工作。这样一来，很多尚处于萌芽阶段的不良思想和行为都可以及时得到遏制。当学生在生活、学习上遇到难以解决的问题时，辅导员要及时发现这些问题，并引导学生寻找解决方案，以科学、有效的方式为他们提供帮助。辅导员也应该了解学生的心理状态，掌握好学生心理发展规律，根据不同情况有针对性地采取教育方法。辅导员应当向学生传授正确的情绪调节技巧，引导他们树立健康的心态，建立属于自己的健康人际关系和社交圈子。同时，要注重对学生进行心理健康教育，提高其心理素质和应对突发事件的能力。通过老师、学校和家庭的合作，培养学生在挫折和打击中的应对能力。要为他们营造一个健康、积极的学习和生活环境。唯有在一个健康、有序、和谐、充满正能量的环境中，学生才能茁壮成长，不断进步，早日成为党和国家所需的杰出人才。

三、运用智能化的手段推进学生工作

智能化的校园是学生的天堂，也是辅导员的新助手。在新媒体时代背景下，网络正在以惊人的速度发展，大学生正是这个时代潮流的引领者，辅导员也要紧跟时代的步伐，紧跟网络新媒体的发展，不断提高自身的能力和水平。新媒体背景对辅导员的综合素养提出了更高的要求。我们要改变过去一成不变的思路，站在新时代的背景下，充分发挥自身优势，利用好新媒体，把学生管理工作从传统的人对人管理模式转变为智能化管理新模式。

在这样的大环境下，辅导员如何跟上学生的步伐，如何更好地教育好学生？最好的办法不是改变学生的生活交流方式，而是与时俱进。辅导员要充分利用在学生中普及率很高的微信、QQ、微博、校园公众号、学校小程序等新媒体来管理学生和班级。高校辅导员应该跟上时代的步伐，运用先进的技术和方式，更好、更快、更便捷地和学生进行沟通，不断提高自己的工作效率。这既是新时代对我们的要求，也是学生对我们的期望。

四、提高辅导员的综合素质

辅导员只有具有高尚的道德情操、良好的政治修养以及娴熟的业务能力，才能更好地实现立德树人的目标。有人将高校比作一艘乘风破浪的轮船，船上坐满了学生，而高校辅导员则扮演着船长的角色，要想使这艘船沿着正确的方向前行，高校辅导员必须从自身做起。这是因为高校辅导员是大学生健康成长和成才的引路人，通过开展思想政治工作，帮助大学生树立科学的世界观、人生观和价值观。

我国民间有这样一句俗语：“打铁还需自身硬”，这句话本义是指炼铁时需要的榔头本身要有一定的硬度，如果它自身硬度不够，又怎么能打造出坚硬的铁呢？之后这句话被应用到各行各业，引申为律人必先律己。这句话同样适用于高校辅导员工作。辅导员工作可谓是一项充满挑战的任务，他们的言谈举止不仅会对学生现在的言行产生影响，甚至可能对他们未来的成长产生深远的影响。所以，高校需要对大学生进行更好的培养和引导，而辅导员更是承担了主要责任，其自身也应该具有较高的修养，具备一定的人格魅力。

第四章　大学生成长成才概述

本章为大学生成长成才概述，分别从两个方面进行论述，第一节介绍了大学生成长成才的基本内容与重要性，第二节论述了影响大学生成长成才的因素。

第一节　大学生成长成才的基本内容与重要性

一、大学生成长成才的基本内容

大学生成长成才的基本内容包括学术知识的学习、个人素养的培养、职业能力的发展、社会参与的能力、自我发展与成长和社会参与及公民意识。

（一）学术知识的学习

大学生在校期间的首要任务是通过学习获得学术知识。这包括参加课堂教学、完成课程作业、参与实验和实践活动等。学术知识的学习涉及扎实的专业基础和深入的学科理解，可以培养学生的分析思维、创新思维和解决问题的能力。

（二）个人素养的培养

大学生不仅需要专业知识，还需要培养一系列的个人素养，包括批判性思维、创造力、沟通能力、团队合作能力、领导力和人际交往能力等。这些素养的培养可以通过参与学生组织、社团活动、志愿者工作和实习等方式来实现。

（三）职业能力的发展

大学生应该通过实践经验和职业导向的课程来培养职业能力。这包括职业规划的制订、职业技能的培养、实习经验的积累、就业竞争力的提升等。大学生应该积极参与实习、兼职工作或项目合作，培养实际操作和解决实际问题的能力。

（四）社会参与的能力

大学生应该培养社会责任感和公民意识，积极参与社会活动。这包括参与公益事业、社会实践、社会调研、社会创新等。通过参与社会活动，大学生可以增强对社会问题的理解，提高解决问题的能力，培养领导力和影响力。

（五）自我发展与成长

大学时期是自我探索和成长的阶段。通过参与各种活动，学生可以发展自己的兴趣爱好、培养个人价值观和制定人生目标，加强自我认知和自我发展。这对于个人的自我实现和提升幸福感具有重要意义。

（六）社会参与及公民意识

大学生成长成才强调社会参与和公民意识的培养。通过参与社会实践、公益活动和志愿服务，学生可以加深对社会问题的认识，培养社会责任感和公民意识，积极参与社会建设。这有助于个人成为有社会责任感的公民，并为社会发展作出贡献。

二、大学生成长成才的重要性

（一）人才培养与社会进步

大学生成长成才是社会培养人才的重要途径之一。通过大学教育，培养具备专业知识、创新思维、批判能力和解决问题能力的人才，可以为社会提供各行各业所需的人才资源，推动社会的各个领域不断进步和创新。

（二）解决社会问题与挑战

大学生成长成才注重培养学生的社会责任感和公民意识。通过参与社会公益活动和社会调研等，学生能够了解社会问题，思考解决方案，并积极参与社会改革与发展。他们的创新思维、领导能力和团队合作能力将有助于解决社会面临的各种问题。

（三）创新与创业的推动

大学生成长成才注重培养学生的创新思维和创业精神。学生在学术研究、实践项目和创业活动中得到锻炼，培养了创新意识，提升了创造力和实践能力。这些创新和创业能力的培养对于社会经济发展、科技创新和产业升级具有重要推动作用。

（四）社会文化传承与推动

大学生成长成才注重培养学生的人文素养和艺术修养。通过文化教育、人文科学研究和艺术活动，学生能够了解和传承社会的历史文化，提升社会的文化品质和艺术水平。他们作为文化的传播者和创造者，对社会的文化传承和推动发挥着重要作用。

（五）社会领导与变革

大学生成长成才注重培养学生的领导能力和社会影响力。通过学生组织、社团活动和领导实践，学生能够培养自己的领导才能，成为社会变革和进步的推动者。他们能够带领团队，影响他人，推动社会的发展与变革。

综上所述，大学生成长成才对社会发展至关重要。通过培养具备专业知识、社会责任感、创新能力和领导才能的大学生，社会能够获得解决问题、推动创新、推动文化传承和引领社会变革的人才资源。大学生成长成才的积极影响将不断促进社会的进步和繁荣。

第二节　影响大学生成长成才的因素

一、大学生成长成才界定

（一）大学生成长成才的内涵

在一个互相尊重、互相关爱、互相激励的和谐氛围中，大学生以具体而明确的目标为指引，充分激发内在动力、释放内在潜能、发展个性爱好，从而塑造出良好的人格品质，并通过全方位锻炼获得先进的知识和技能，最终实现成长成才的目标。

（二）大学生成长成才的标准

经过四年的学习和实践，大学生是否已经成功地实现了自身的成长和发展，可以从三个方面对这一问题进行评估。首先，获得学校和教师的认可，成为学校各种制度评比及教师认可的杰出学生。此外，学校和教师拥有丰富的人才培养经验，特别是辅导员作为学生的直接培养人，对于评判学生是否已成长成才具有一线的判断经验。其次，毕业生毕业后能够受到社会的欢迎，并为社会注入积极的力量。最后，毕业生在进入职场后，所展现出的素质、品质和能力，必须经得起实践的严格检验。

二、大学生成长成才的影响因素

在大学四年的学习过程中，不同学生的个人成长轨迹将逐渐呈现出明显的差异，有些学生在毕业后能够成为多家企业争相聘用的杰出人才，而另一些则面临着就业困难，甚至无法顺利毕业的困境。究其原因，就是大学生个体之间存在着巨大的差异性。在相同的校园外部环境下，导致如此巨大的发展成果差异的关键在于个体内在因素的差异，这一点可以从以下四个方面进行概括。

（一）自我认知和心智因素

在人们的内心深处存在着一种根深蒂固的心智模式，它深刻地影响着人们对这个世界（包括自己、他人、组织和整个世界）的理解和行动方式，同时也涉及成见、逻辑、规则等多种假设，因此，心智成熟是大学生成才的必备条件。心智成熟的关键在于是否具备正确的自我认知和自我发现能力，以及如何以积极的态度面对挫折以及人生和事业。经过对杰出大学生的深入了解，我们发现他们普遍具有一种共同的特质，即他们对自己的身份、职责和行为有着清晰的认知；他们所追求的目标既包括长期目标，也包括短期目标，然而在为之奋斗的过程中，他们也难免会遭遇挫折、沮丧和难过，但最终他们都能够重新振作起来，以激情和行动向困难发起挑战。相反，一些学生缺乏清晰的自我、他人和组织认知，不成熟的心智模式会阻碍他们的成长和成才，因此，辅导员在培养和教育学生的过程中，应该注重观察、启发和引导学生的心智模式。

（二）学习成长动机因素

大学生的学习成长动力源于三个方面的内在驱动力，分别是认知的内在驱动力、自我提升的内在驱动力以及从属的内在驱动力。兴趣对学生的认知的内在驱动力产生显著影响，当学生对专业或学术研究产生浓厚兴趣时，他们的认知的内在驱动力将更加强烈。自我提升的内在驱动力是指个体为了获得知识而进行自主探索的内在驱动力。根据马斯洛需要层次论，人类的内在驱动力受到生理、安全、社交和尊重等多方面因素的影响，这些因素共同促进了个体的自我实现。大学生的学习成长受到多种因素的影响，其中从属的内在驱动力是一个重要因素，其强弱受到家庭环境、人生追求以及社会普遍价值观等方面的影响。对于那些家庭贫困的大学生而言，他们希望通过大学学习成长来改变自己的命运。然而，对于那些家庭条件优越、缺乏人生追求的大学生而言，从属的内在驱动力则显得相对较弱。因此，辅导员在培养和教育学生的过程中，应该充分调动学生的学习成长动机，因材施教、找准动机，根据不同学生的个性和家庭情况，充分调动学生的学习成长积极性。

具体而言，对大学生学业成就产生影响的因素包括但不限于以下几个方面。

1．学习动机的结构影响大学生的学业成就

学习的动力源于三个方面的内在驱动力，分别是认知的内在驱动力、自我提升的内在驱动力以及与之相关的内在驱动力。通过对杰出毕业生的案例进行研究，我们发现，尽管他们在学习方面也存在着内在驱动力，如通过考试获得教师、家长或同学的认可和赞许，但内在驱动力，尤其是对学习和科研的兴趣、对知识的渴望以及对成就的渴望，更加强烈地激发了他们的学习热情，使他们更加努力、有恒心、积极主动地学习，并取得了卓越的学业成就。

2．学习的自我效能影响大学生的学业成就

大学生的学习成效取决于他们对自身完成学习目标或任务的能力评估，这一评估将直接影响他们在学习过程中的行为选择、努力程度、坚持程度以及思维方式和情绪反应。通过对杰出大学毕业生的案例进行研究，我们发现他们在学习方面表现出了相当高的自我效能水平。这些学生认为自己能够独立地解决一些问题，从而使其达到最好成绩。他们倾向于承担具有挑战性的新学习和研究任务，并对成功完成这些任务充满信心；他们认为成功与失败之间存在一定的联系，但是这种关系不是很密切。在执行任务的过程中，他们愿意投入更多的时间、精力和精力，以及付出更多的努力：当面临困难时，他们会积极主动地寻求解决问题的答案，毫不回避、毫不放弃。或许会感受到紧张的情绪，但并不会一直被消极情绪所困扰。

3．归因方式通过影响大学生的自我效能而影响大学生的学业成就

当一个学生将自己的学习成绩低下归因于智力不足时，他可能会陷入自我否定的境地，因为他无法掌控自己的智力或智力水平。相反，若他将其归因于自身缺乏足够的毅力，他将不遗余力地追求下一次的优异表现，不断刻苦钻研。杰出的毕业生会将自己的学业成就归因于有效的学习方法和策略、勤奋刻苦的学习态度、自身的学习能力和接受能力，这些因素共同塑造了他们的学业成就。通过这种归因方式，他们在学习过程中获得了更多的成就感和自豪感，从而提升了学习

的自我效能，进一步推动了学业的发展。

4. 较高的学习动机通过调动大学生的学习积极性而影响大学生的学业成就

尽管对于那些在个案研究中表现出色的大学毕业生而言，他们所受到的学习激励因素各不相同，但总体而言，他们的学习动机均表现出相当的强度。由于强烈的学习动机，他们进一步明确了学习的目标和目的，从而学会了抵御那些会分散注意力的诱惑，进而能够从社交、网络、手机、游戏或其他类似的诱惑中解脱出来。

（三）行动策略因素

在实现特定目标的过程中，策略是由一系列行动、思考或选择所构成的复杂过程。对于杰出的大学毕业生而言，他们在追求卓越的过程中，会根据自身的实际情况制订具体的行动计划，或者根据形势的演变和变化做出相应的抉择，最终实现自己的成才目标。通过对六位杰出毕业生的深入研究，我们得出了一系列主要的行动策略，这些策略将对大学生的成长和成才产生积极影响。

1. 掌握恰当的学习方法和策略

对于大学生而言，掌握并灵活运用恰当的学习策略是大学生成才的关键所在。对于不同专业学生来说，他们的学习方法有很大差别。基础课和专业课的学习方法繁多，包括但不限于听课、记忆和理解等多种方式。大学生应当根据自身的实际情况，斟酌选择和运用适宜的学习方式，并在实践中不断反思和完善，以使其更加高效地发挥作用。在个案研究中，六位杰出的大学毕业生在他们的大学学习过程中探索出了一套适合自己的学习方法和策略，这些方法和策略虽然各不相同，但对于他们保持高效的学习效率、吸收和掌握知识都发挥了至关重要的作用。

2. 善于自我管理、自我调控、自我激励

大学生必须具备明晰的自我认知和价值取向，具备明确的自我规范和自我调节能力，以不断实现预设目标并逐步提升综合素养。自我激励是一种行之有效的教育方式。通过自我激励，大学生能够源源不断地产生前进的内在动力。然而，许多大学生常常设定目标和计划，但在短暂的三分钟内，这些计划和目标最终化为泡影。究其原因，主要是因为缺乏对自己进行合理管理与控制的意识与技能。相对而言，杰出的大学毕业生具有良好的自我管理、自我激励和自我调节能力，他们能够根据自己设定的目标和计划，持之以恒地采取行动，最终获得成功。

3. 善于对时间进行管理

对于大学生而言，大学生活充满了机遇和挑战，他们需要不断学习专业知识，积极参与各种社会实践、社团活动、公益活动、校园文化活动以及社会工作，以充实自己的生活。大学生需要掌握时间管理技能，以便在学业上取得优异成绩的同时，能够全面锻炼和提高自身的综合能力，从而更有效地分配时间和精力。在个案研究中，有六位杰出的大学毕业生在校期间表现出极高的活跃度。他们善于对时间进行精准的管理，根据情况的轻重缓急进行分类，以确保时间得到高效的分配。

（四）人际关系因素

大学作为学生学习和生活的重要场所，其环境对大学生的思想和行为产生着深远的影响。在大学生的成长和发展过程中，人际关系对其产生了深远的影响。通过对杰出毕业生的案例进行研究，我们发现影响大学生成长和成才的人际关系可以归纳为两个方面。

1. 师生互动效果影响学生的成长成才

在大学校园中，师生之间的互动关系是最为基础和重要的。稳定、健康、和谐的师生关系不仅是一种无形的教育资源，更是一股巨大的教育力量，为学校的发展注入了强大的动力。对于杰出的大学毕业生而言，他们充分肯定了师生之间的互动关系。建立与相关教师的联系并与教师进行交流，是非常重要的。在态度上，他们以积极主动的姿态，通过多种方式与教师进行直接或间接的交流。当他们的主观努力得到充分的回报时，他们对与老师互动的渴望和其主动性将得到更进一步的提升。他们在行为上表现出高度的管理和经营能力，与任课老师、辅导员和班主任保持着紧密的联系和频繁的互动。

2. 与同学个体和群体建立良好的互动关系有助于大学生成长成才

在大学生的人际交往中，与同学个体和群体之间的互动很重要。因此，研究如何构建良好的人际交往网络对促进当代大学生健康、快乐地成长具有重要意义。如果大学生与同学个体和群体所形成的人际关系具有积极、和谐、友善、宽松、融洽的特质，那么它将对大学生的思想道德观念的塑造、情绪和情感的培养、知识和能力的提升以及心理健康发展产生显著的正向促进作用，反之则会产生负面影响。在个案研究中，杰出的大学毕业生普遍认为他们与同学的个体和群体之间建立了一种良好的互动关系。他们能够感受到他人的长处，怀着向他人学习的愿望，表现出了与他人互动交流的渴望。

（五）参与学术活动和文化活动方面

目前，各大高等学府内，学术和文化领域的活动蓬勃兴起。针对这些活动，不同的学生所持有的认知存在差异，因此他们的参与热情和程度也呈现出多样性。经过对杰出毕业生的案例研究，我们发现，所有杰出毕业生对于积极参与学术和校园文化活动都表现出了高度的热情。他们一致认为，在学术活动中进行竞赛类活动是一种极佳的机会，可以在比赛中获得丰富的知识和经验。在他们的大学生涯中，每一位学生都积极参与了至少两次学术竞赛，展现了他们在学术领域的才华。在参与文化活动时，他们通常会根据自身的特长和爱好，或者根据需要提升的能力进行有针对性的参与，以达到最佳效果。在六个研究案例中，有五位曾多次策划和组织各种校园文化活动，他们认为这些活动极大地提升了他们的组织和沟通协调能力。

第五章　高校辅导员在大学生成长成才中的作用分析

本章为高校辅导员在大学生成长成才中的作用分析，主要从五个方面进行了分析，分别是大学生思想的引导者、大学生学习的引领者、大学生心理的呵护者、大学生职业生涯规划的指导者、大学生就业的指导者。

第一节　大学生思想的引导者

一、青年学生的思想特点

辅导员在开展大学生思想政治教育工作时，必须深刻理解大学生的思想特质，全面分析其深层次原因，这是工作的基石。

（一）时代感强，责任意识弱

随着我国社会主义市场经济体制的日益完备，社会正在经历具有革命性意义的转型，这个转型带来了新的情况和发展模式，同时也催生了中西方文化相互碰撞的全新观点和思潮，这使得大学生需要对产生的问题进行深入的分析。随着社会的不断发展，大学生的求新意识日益强烈，其多元化的价值判断以及主体意识、参与意识、个性意识不断增强，成为当代大学生时代精神的代表。值得注意的是，一些学生在追求自我选择和自我实现的同时，却忽视了将自我发展与社会需求联系起来的重要性，缺乏乐于奉献和为人民服务的精神，缺乏社会责任感和历史使命感。

（二）参与意识强，辨别能力弱

当代大学生身处传统与现代、封闭与开放的交汇之地，他们通过对中国历史和世界历史的深入了解，以及亲眼见证我国改革开放的历程，广泛认同改革开放是实现国家富强和人民幸福的必由之路，社会主义市场经济是我国社会发展的必然选择，同时，社会主义的民主法制建设也极大地调动了青年大学生的参与意识，他们对社会的宏观发展充满热情，渴望与社会密切联系，追求民主，注重参与民主生活实践，重视自身的民主权利，对民主管理、民主作风、民主选举表现出浓厚的兴趣和关注，参与意识强烈，要求积极参与社会生活，期望得到他人的尊重、信任和理解。

然而，由于缺乏足够的个人生活经验和与社会接触，大学生在面对复杂的社会问题时，往往会将其看法简单化、片面化，从而误入歧途。因此，加强对学生进行正确的价值观教育是十分重要的。随着市场经济建设和对外开放的不断深入，市场经济所带来的负面影响以及西方腐朽思想对大学生的负面影响日益凸显。由于缺乏对事物复杂性的深刻理解，他们在追求改革的过程中过于急躁，容易引发偏激的情绪。由于认知上的偏差，一些大学生在思想上感到困惑和迷茫，在行动上则出现了盲目和摇摆的情况。

（三）个体意识强，集体意识弱

在长期的社会演变过程中，中国逐渐形成并确立了一种传统的价值观体系，该体系以儒家学说为核心，以集体利益为价值本位。市场经济所带来的利益激励、资源调节、市场导向、优胜劣汰和效率意识，强化了大学生的自主意识和竞争意识，促使他们勇于追求自身的合法利益，注重自身能力的培养，从而激发了他们前所未有的积极性、主动性和创造性，同时也促进了个人主体意识的迅速提升。然而，尽管他们注重自我实现、崇尚自我奋斗、崇尚自我选择，但传统的集体观念已被淡化，有时个体价值本位被奉为价值取向的标准。在现代社会中，由于利益主体、所有制形式和分配制度的多样性，人们很容易陷入相对主义的价值观中，从而导致社会现实和理论之间出现了脱节的情况。

现今的大学生已经不再受限于教师的教导和书本的束缚，他们勇于运用自己的思维能力去思考问题，以独特的视角去观察世界。他们表现出了强烈的欲望，渴望展现自己的才华。然而，若强调个体意识的多元性，而否认群体意识的整体性，进而演化为极端的个人主义，若是一种极其错误的做法。

（四）道德观念复杂化

随着时代的发展，当代大学生的道德观念和行为呈现出越来越复杂的趋势，尽管他们的道德主流是积极、良好的，但一些大学生的道德状况存在一些不可忽视的问题。以下三个方面是其主要体现。

1. 在道德追求上降低标准

尽管大学生普遍认为道德具有协调社会关系和人际关系的功能，但他们却忽视了道德对于心灵净化和人格提升的教育作用。有些大学生对于一些基本的道德规范表现出了不遵守的态度，甚至需要重新学习一些最基本的文明用语、文明举止和社会公德。

2. 在道德评价上采取双重标准

有些大学生表现出以自我为中心的倾向，只关注自身利益，缺乏对他人的关注和帮助；渴望获得他人的尊重，却无法以礼相待；对社会的期望较高，但对个人的期望却相对较低。

3. 在知行关系上道德认知与道德实践脱节

在有些大学生的道德实践中，理论上所认可的道德规范往往无法转化为实际的道德行为，而无法从自身做起则成为大学生在道德实践中知行分离的显著表现。

（五）价值取向多元化

在推进社会主义市场经济和对外开放的进程中，各种思想文化相互交融，必然通过社会、学校、家庭等多个渠道向大学生辐射。在面对这股“冲击波”所带来的影响时，大学生的价值观呈现出了多元化和分散化的趋势，同时也充满了困惑、烦恼和迷茫。大学生的多元化价值取向主要体现在对个人事业的追求上，即除了将满足自身物质和精神需求作为自身价值取向外，大多数学生还会将自身需求的满足程度作为自身价值取向的重要衡量标准。在政治、经济、文化等多个领域中，他们都倾向于追求更符合自身需求的奋斗目标，更加注重实现个人价值的最大化，更多的是为了获得社会的认可，彰显自身价值。在社会主义市场经济的冲击下，大学生的价值观呈现出多元化的趋势，受到社会现实生活和流行的价值观的深刻影响，他们越来越倾向于从实际生活中寻找符合自己价值观的正确观念。

（六）开放竞争意识强化，心理承受力弱

大学生的竞争意识呈现出以下两种不同的表现形式。

1. 潜在竞争

大学生积极储备毕业后的竞争力量，以应对潜在的竞争环境，即所谓的“今天是为了明天”。随着人才市场的兴起，大学生越来越注重自身能力的培养，以提升自身的就业竞争力，从而在未来的社会竞争中立于不败之地。

2. 现时竞争

当前，大学生在道德、智力、身体和美学等多个方面进行竞争。在学习和评优方面，以及选拔学生干部方面，他们表现出了强烈的竞争意识，这种竞争意识在他们的行为中得到了充分的体现。随着市场经济的蓬勃发展，社会经济成分呈现出多元化的趋势，分配方式也呈现出多样化的特点，同时传统的就业和生活方式也在发生着深刻的变革，这使得大学生们面临着成功和失败、机遇和挑战等多方面的考验。

然而，现代大学生的成长历程不同，加之大学校园相对封闭的环境，以及学习和就业竞争的压力等因素，导致部分大学生存在心理上的孤独、敏感等问题，缺乏必要的承受能力、适应能力和分辨能力，这很容易引发大学生的心理波动、失衡，甚至导致他们产生迷茫、困惑和悲观厌世等不良情绪。

（七）认同感强，践行能力弱

当代大学生在认知和情感方面表现出与社会主义现代化建设相适应的政治、经济、文化、道德和科教等方面的认同感，然而在行动上的践行能力相对较弱，导致行为和认知出现偏差。大学生在人生观方面注重实现人生价值，认同积极的人生价值观，能够自觉参与到扶老助残、城市环保、科技扶贫等志愿者行动和其他公益事业中。大多数大学生在道德修养方面认同传统的道德教育，认同社会公德在社会生活中的至关重要性，主张每个人都应该通过修身养性和完善人格来提升自己的道德境界；然而，在实际的日常生活中，一些大学生缺乏自我反思的精神，缺乏对道德意志的磨练、对道德信念的坚守以及对道德行为的实践。在人际交往方面，绝大多数大学生主张以真诚为本，以和谐为目标，以谦虚礼让为原则，追求人际关系的和谐。

二、大学生思想存在的问题

在改革开放进程中，现代大学生的成长轨迹呈现出思维敏捷、接受新事物能力强的特点，他们的思想状态呈现出积极向上、健康向上的主流趋势，同时也表现出强烈的民族精神，对于高尚情操和道德修养有着高度的认同感，崇尚竞争意识和积极进取精神。然而，随着国际和国内形势的不断演变，以及西方文化思想的渗透和冲击，一些大学生在政治信仰、理想信念、价值观念、诚信意识、社会责任感、艰苦奋斗精神、团结协作观念和心理素质等方面存在着不同程度的迷茫。

（一）大学生在大学阶段存在的思想问题与表现

1. 理想信念淡薄，价值观出现偏差

人们对未来的向往和追求体现在他们的理想信念上，这是他们世界观、人生观和价值观的高度凝聚。大学生所怀抱的理想信念是他们勇往直前、不断成长的精神支柱和源源不断的力量泉源。当代青年学生具有鲜明的时代特点，他们渴望成才、追求进步。

大学生的价值观受到观念和想法的直接影响，一些大学生的价值取向从追求奉献的理想生活转向注重实用实惠的现实生活，从追求理想和知识转向追求金钱和物质享受，从建立团结互助的良好人际关系转向片面地强调互惠互利的人际关系。

2. 集体主义观念缺失

自改革开放以来，随着社会主义市场经济的发展，越来越多的大学生开始认识到个人在社会进步中的重要作用，但同时也深刻认识到社会竞争的日益激烈，只有通过个人的不懈努力才能获得成功。因此，在面临巨大压力的情况下，一些大学生会将目光聚焦于个人的奋斗和努力上，从自我出发，追求自我实现和完善自我价值，缺乏对社会和集体的奉献精神。

3. 责任感缺乏

现代大学生必须具备一种道德情感，即责任感，这是一项基本品质。在大学求学期间，一些大学生并未珍视眼前的美好时光，而是追求舒适安逸，缺乏进取心，缺乏建设国家、服务社会的责任感。某些大学生所表现出的不负责任的行为，揭示了他们在责任意识方面的缺失，他们未能意识到作为当代大学生所需具备的素质，也未能认识到作为普通公民所应承担的责任。

4. 道德观念知行脱节

不可否认，现代大学生的道德认知水平处于相当高的层次，大多数学生认同“道德至上”的古训，认同社会公德在社会生活中的至关重要性，以及基本道德规范在构建和谐社会中的不可或缺价值。然而，某些大学生倾向于崇尚高尚的社会公德，但却缺乏清晰的感知。某些大学生知德能力较强，在观念上认可道德要求的合理性，却并不付诸行动或不按道德要求去行动。

5. 心理问题日益突出

大学生在大学中，需要面对新的生活和学习环境：更加灵活的课程设置，接受来自地区文化差异的陌生感，参与丰富多彩的社会实践锻炼，面对理财、恋爱、个人职业规划、就业等一系列问题，这些变化可能会让大学生感到手足无措。此外，在面对激烈的竞争和成长过程中所遇到的困难和挫折时，一些大学生可能会出现身心健康问题。我们应关注学生的心理健康问题，对其心理问题进行分析，并找到解决对策，帮助学生调整不良心态，使学生能积极、乐观地面对生活。

6．网络迷失现象严重

网络技术的应用为信息传播带来了一次巨大的跨越，相较于传统媒介，网络为大学生提供了更好的学习环境，但同时也带来了各式各样的信息，特别是那些有害的信息，对大学生产生了负面影响。在网络世界中，一些大学生频繁遭遇消极言论和不健康思想的侵袭，导致他们的人生观和价值观易受到影响，容易滋生出不良思想。一些大学生痴迷于网络，导致他们的学习和身体健康受到了极大的影响，也导致其集体主义观念缺失。网络的隐蔽性增加了大学生不道德行为和违法犯罪行为的发生率，这也是网络所带来的影响之一。

（二）大学生思想问题原因分析

1．社会大环境因素

（1）国际大背景下的影响

在当前全球经济一体化、政治多元化、文化多元化的大背景下，中西方文化之间发生了激烈的碰撞和交融，形成了一种新的文化格局。作为对新事物异常敏感、充满热情的大学生，毋庸置疑地会受到这种文化碰撞所带来的深刻影响。随着西方社会的文化思想、社会观念和价值取向对我国大学生的潜移默化影响，一些大学生对于新生的思想缺乏认知和辨别能力，在一些重要的原则问题上缺乏是非观念和判断意识。

（2）国内社会变革的影响

当前，我国正处于社会转型变革的关键时期，随着改革浪潮的涌动，社会发展呈现出日新月异的态势，各个领域都面临着新的问题和挑战。随着社会变革的全面深化，大学生的思想认识、政治取向和价值观念将呈现出多元化的趋势，甚至可能出现意识模糊的区域。随着经济的快速发展，一些腐朽的经济思想意识开始抬头，这些思想导致一些大学生缺乏奉献和集体主义精神。由于文化多样性和网络负面信息的影响，一些大学生缺乏对社会主流思想的分析和辨别能力。

2．学校环境因素

（1）高校扩招政策的影响

为了响应国家高等教育大众化的号召，我国高校近年来逐渐扩大了招生规模，超过 50% 的高中生得以进入大学深造，这无疑是一件令人欣喜的大事。然而，随着大学扩招，大学生的素质状况呈现出多样化和层次性的趋势。随着大学扩招，社会就业供求比例失衡，大学生面对就业压力时表现出忧虑和担忧，他们希望学校方面能够提供更多的指导和支持，以帮助他们更好地应对未来的就业挑战。

（2）思想政治工作没有落到实处

由于受到教学科研评估、学校机构建设等一系列压力的影响，一些地方高校对于思想政治教育工作的重要性认识不足或有所欠缺，然而，由于学校领导和教师投入的精力不足，导致思想政治教育缺乏足够的工作队伍或队伍地位不高。因此，要解决这一问题就必须从提高思想认识入手。

3. 家庭环境因素

许多家长寄望于孩子接受最优质的教育，以期让他们在家族中独树一帜，成就非凡。一些家长在为孩子创造最优越的经济和教育条件的同时，忽视了对他们心理和情感的关注，因为他们对孩子的期望过高，从而给他们带来了巨大的心理压力，但又缺乏有效的心理疏导和沟通，这容易导致孩子出现心理问题。

4. 高校大学生自身因素

大学生的思想政治状况受到内部原因的影响，而外部原因则只有通过内部原因才能发挥作用，因此，大学生自身是最主要的影响因素。由于大学生缺乏社会经验和理论经验，他们很容易陷入思想误区，忽视主流社会意识观念。在中学时期，学生将所有的精力都投入考试和升学的压力中，而思想教育的滞后导致了其对事物的认识不足，因此，他们只能片面地理解事物的本质，难以把握其全貌。在大学的生活和学习中，大学生会遭遇各种问题，这些问题可能会引发不良心理反应，从而影响他们的思想状态。

三、做好大学生思想政治教育工作的方法、途径与策略

随着我国经济和社会的飞速发展，新旧观念相互碰撞，当代大学生的人生观、价值观和世界观也呈现出与以往不同的面貌。在他们的成长过程中，他们的人生观、价值观和世界观很容易受到周围社会环境的影响。因此，在高等教育这个至关重要的阶段，我们必须加强对大学生思想道德素养的培养，积极推进大学生思想政治教育工作，致力于培养德才兼备的综合型人才。

（一）加强思政工作的队伍建设

1. 党和政府对思政工作队伍建设的重视

近年来，随着大学生思想政治教育工作队伍建设的不断加强和队伍素质的不

断提升，我们的教育水平也得到了显著的提高。2006年，教育部发布了《普通高等学校辅导员队伍建设规定》，其中明确指出辅导员培训应当纳入高等学校师资队伍和干部队伍培训整体规划，并对辅导员队伍的要求与职责、配备与选聘、培养与发展、管理与考核等进行了系统规定。

2. 辅导员应当具备的素质

作为大学生思想政治教育工作的核心，辅导员的素养水平直接关系到高校思政工作的成效，进而影响到高校社会主义精神文明建设和人才培养的品质。辅导员的觉悟必须建立在自我认知的基础上，只有这样，辅导员才能全方位地提升自身素养，从而更好地引导他人的觉悟。

（1）政治素质

辅导员必须具备的基本素质之一是政治素养，即能够以马克思主义的立场、观点和方法为指导，在重大政治问题上保持清醒的头脑和明确的态度，正确认识和处理各种实际问题，对错误倾向进行有力的批判。辅导员通过结合理论和实践，深刻领悟和理解党的方针政策，有力地解决大学生思想上的疑虑和障碍，同时以本校具体的校情为出发点，创造性地贯彻落实党的路线方针政策。辅导员要怀揣着无私的奉献精神、高度自觉的态度以及持之以恒的毅力，投身于高校思政工作之中；坚持正确的舆论导向，抵制错误思潮的侵蚀。对于政治问题与思想问题、认识问题和一般学术问题等两类性质不同的矛盾，辅导员需要进行准确的区分和处理。

（2）思想素质

辅导员应当全面掌握辩证唯物主义和历史唯物主义的基本理论，树立主观必须符合客观、全面辩证、实践、历史分析、人民群众的多元视角。在新的历史背景下，我们需要不断探索和掌握高校思想政治工作所需的科学思维方法，以科学的方式制定出具体的思想政治工作计划和方案。为了推动学校校风的建设，我们需要继承和发扬一系列优良作风，包括但不限于民主、批评和自我批评、自律和艰苦奋斗等。

（3）道德素质

辅导员必须致力于加强职业道德建设，这是一项至关重要的使命。辅导员的职业操守涵盖多个方面，其中包括但不限于道德规范、职业操守等。

①大公无私，奉献为上。高等教育机构的思想政治工作应当以党和人民的利益为中心；秉持集体主义原则，妥善处理个人利益与社会利益、集体利益、他人利益之间的关系；怀揣着无私的奉献精神，乐于默默地在高校思想政治工作岗位

上为祖国献出自己的一份力量，内心深处充满对祖国的无限热爱。

②热爱本职，勤勉尽责。这也是职业伦理的根本准则所在。大学生群体是辅导员最需要关注的对象，因此，辅导员应该始终怀揣着强烈的使命感和工作热情，不断努力，为自己的事业作出更大的贡献；对于工作，要有极高的责任心和踏实肯干的态度，毫不畏惧地面对各种艰辛和挑战；以精益求精的态度，刻苦钻研，勇于创新，致力于创造卓越的工作表现。

③以人为本，平等待人。辅导员要关心、包容学生，对学生的思想、学习、工作和生活给予高度的关注；对于他们的人格、荣誉和权利，应该给予充分的尊重和信任，认真倾听并分析他们的意见和要求。

④团结互助，顾全大局。对于其他高校思想政治教育工作者的劳动和工作，辅导员应该给予充分的尊重和支持，并积极配合他们的努力；致力于维护领导的权威，对于领导的态度始终保持高度的专注和尊重；善于与志同道合的同志就问题进行深入探讨和思想交流，始终坚持以大局为重，共同合作。

（4）能力素质

各种技能和艺术在工作实践中的运用直接决定了思想政治教育工作的推进和效率。辅导员应当具备多方面的能力，包括但不限于以下方面：

①分析能力是一种能够根据研究对象所固有的系统性，对构成该系统的各个要素进行定性和定量研究的能力，从而从多样性的现象中发现其主要的、本质的元素。综合分析能力是指在对研究对象进行深入分析的基础上，通过思维活动认清其内在联系，从而全面而准确地把握其全貌。只有具备综合分析能力，才能在深入了解大量事实材料的基础上，进一步洞察学生思想特质和未来发展趋势，从而深刻认识高校思想政治教育的内在规律。

②决策计划能力。具备决策计划能力的人，需要具备出色的头脑和思考能力，能够在各种情况下进行综合评估并做出明智的决策。计划能力指的是将决策具体化的能力，即能够根据客观情况科学地制定工作目标，恰当地选择工作方法，以及合理地设计思想政治工作活动的能力。高校思想政治教育工作的有效性在于制定科学的决策和计划。

③组织协调能力。组织的能力在于善于调动和培养核心成员，以凝聚和引领普通民众的力量。协调能力指的是善于协调思想政治工作部门之间以及思想政治教育主体之间的关系，协调思想政治工作与其他工作之间的相互作用，争取各方对思想政治工作的大力支持，从而形成思想政治工作的协同效应。唯有具备协调组织的能力，方能有效地推进思想政治教育工作，实现科学决策和计划的落地。

④宣传表达能力。宣传表达能力涵盖文字、语言和形象三个方面，这些方面的能力都是不可或缺的。文字表达能力指的是能够将教育内容转化为文字形式，并通过各种媒介，如报刊、书籍、广播等，对大学生产生影响和教育作用；语言表达能力在于善于运用报告、讲解、座谈、谈心等多种方式，以渐进式的方式引导和启发大学生。形象表达能力体现在将教育内容巧妙地融入艺术形象中，通过电视、电影等多种形式，借助艺术形象的感染力来影响大学生的思想和行为。除了前述三项基本技能，辅导员还需具备卓越的社交技巧、灵活的应变能力、创新的思维能力以及自我学习的能力。

（二）重视思政理论课与“潜课程”

在大学生思想政治教育工作的加强和改进过程中，课堂教学具有重要作用，每一门课程都具备着培养人才的重要功能，这一点毋庸置疑。

“潜课程”所带来的教育效益不容小觑。所谓“潜课程”，指的是学生在校内生活中所形成的各种人际交往所塑造的思维方式、价值观和行为方式，以及学校班级中长期形成的制度和非制度文化等多种因素所构成的非计划性学习活动。在“潜课程”中，学生之间建立和谐的人际关系是一项至关重要的任务。在大学阶段，学生们开始了一段真正意义上的自主生活，他们在新的环境中相互渗透、相互碰撞，不断地调整或改变着旧有的生活、思维和行为方式。在“潜课程”中，师生之间的互动至关重要。大学生在课后与教师的互动中，无论是在学术领域还是品德方面，都会潜移默化地受到教师的影响。大学生的心理状态会受到“潜课程”所带来的班风和学风等方面的积极影响。

大学生常常在不自觉中接受隐含的教育，因为“潜课程”缺乏明确的教育标志。在加强和改进大学生思想政治教育工作过程中，在注重正式课程的同时，也要重视“潜课程”的构建，以确保大学生接受全面的教育，并促进他们个性的和谐发展。

（三）依靠学生党员、干部协同做好思想政治教育工作

在加强和改进大学生思想政治教育的过程中，学生党员和学生干部是不可或缺的典范，他们在学生工作中扮演着至关重要的角色，是加强和改进大学生思想政治教育的重要支柱。通常情况下，学生干部具备积极进取的精神状态以及出色的自我教育、自我服务和自我管理能力。杰出的学生干部是学生的榜样。因此，我们必须高度重视学生干部在政治、组织、道德和学习实践等方面的核心作用、

凝聚和表率作用，以充分发挥他们的潜力。学生的思想政治工作需要以学生党员为核心，充分发挥他们的作用，以确保工作的顺利开展。

（四）充分发挥校园文化活动的载体作用

在当今不断发展的社会中，辅导员面临着许多全新的挑战。辅导员需要不断创新工作方法和方式，将思想政治教育工作有机地融入丰富多彩的校园文化活动中，使之成为思想政治教育的重要平台，从而充分发挥校园文化活动在大学生思想政治教育工作中的育人功能。

（五）大力加强网络教育管理

随着科技和网络技术的迅猛发展，大学生群体对于新兴事物表现出了极高的敏感度和热情，他们已经成为网络世界中最大的受益者。网络文化因其独特的开放性、互动性和平等性，迎合了大学生崇尚平等、自由的价值观，成为一种充满活力和创新精神的文化形态。在当今社会，大学生的思想状态受到网络的深刻影响，这种影响是无法用任何数字来衡量的。高等教育机构应当积极适应网络社会中高校育人环境的新变化和新特点，加强时代意识，主动占领网络领域，适应网络载体的运作特点，并有效地展开思想政治教育工作。网络为辅导员提供了更广阔的交流平台，使其能够及时了解和掌握学生的思想动态，有针对性地开展思想政治教育工作，从而更好地与学生互动。

（六）切实解决好大学生的心理问题

作为一个微型社会，学校为大学生提供了生活和学习的场所，然而，学生也不可避免地面临着各种问题和挑战。当大学生面对那些超出其能力范围的问题时，他们的心理状态也会受到影响。大学生的心理健康受到多种因素的影响，包括但不限于学业、人际交往和应对激烈社会竞争的准备不足等。为了确保大学生身心健康、全面成长和全面发展，高校必须积极应对大学生心理问题，采取切实有效的措施。为了使大学生增强心理保健意识和提高自我调节能力，高校应当充分利用橱窗、报刊、校园广播等资源，提高开展心理健康咨询和专题讲座的频率。进一步提升高校心理咨询室的建设水平，以确保心理健康辅导中心设备先进、人员配备合理、功能齐全，从而为全校学生提供优质的心理健康辅导服务。

（七）积极促进大学生就业，稳步提升大学生就业率

根据调查结果，现代大学生在校期间所面临的最大挑战在于对自身未来前景的不确定和就业方面的压力。当前社会，就业比例失衡，高学历人才大量涌现，导致一些高校毕业生面临就业难题，或者所获得的职位难以达到理想状态。为了应对日益增长的社会就业压力，学校有责任为大学生提供就业信息和技能方面的指导和支持，以帮助他们更好地适应就业市场。国家各项促进就业的政策应当及时、精准地发布于学校的就业中心。为了帮助大学生更好地应对毕业就业问题，学校应当提供与就业相关的课程，以便他们在校期间积极采取措施。大学生从踏入职场的那一刻起，就应该开始着手规划自己的职业道路，明确自己的职业目标，以适应未来的就业环境。通过积极参与学校组织的社会实践活动，不仅能够深入学习专业知识，更能够及早接触社会，积极主动地融入社会求职的过程中，从而提升自身的综合就业能力，避免被动、消极的等待。

第二节　大学生学习的引领者

一、大学生学习的内涵

学习是大学生活中最重要的组成部分，是大学的主旋律。一方面，大学的学习是为了使大学生掌握某一学科的专业知识和技能，以便日后为社会服务；另一方面，大学的学习能使大学生获得学习的能力，以利于个人的终身学习。大学学习与高中不一样，大学每一个阶段的学习也不同，辅导员要帮助大学生适应大学学习，引导他们会学习、爱学习、乐于学习。

（一）学习的概念

学习是在人和动物活动中普遍存在的一种现象，它有广义和狭义之分。广义的学习泛指人类和动物的学习，狭义的学习则仅指人类的学习。《礼记 · 月令》："鹰乃学习。"宋朝叶适《毛积夫墓志铭》："稍长，亲师友，学习今古。"《东周列国志》第八十一回："勾践亲送美人别居土城，使老乐师教之歌舞，学习步容，俟其艺成，然后敢进吴邦。"毛泽东《中国革命战争的战略问题》第一章第四节："读书是学习，使用也是学习，而且是更重要的学习。"

（二）学习的类型

学习现象极其复杂，学习内容极其广泛，学习形式也多种多样。因此，有必要对学习进行分类。由于研究者的知识背景和理论观点各异，其所采取的分类标准也不同，分类的方法往往与其欲达到的目的有关。国内外学者对学习的分类也有较大的差异，下面分别予以介绍。

1. 国外学者对学习的分类

（1）布卢姆对学习的分类

美国教育家和心理学家布卢姆（Bloom）根据教育目标对学习进行了分类。他认为，教育目标也是学习的结果，就此他把学习分为三大类，即认知学习、情感学习与技能学习。布卢姆的学习分类在一些国家被广泛地应用于各级学校的教学中，并被编制为成就测验和作为命题的指导。此种分类也有一定的片面性，它过分强调学生的智力活动而忽视了非智力方面的内容。

（2）加涅的学习分类

美国教育心理学家加涅（Gagne）认为，人类的学习是复杂而多样的，简单、低级的学习是复杂、高级的学习的基础。他根据各类学习的简繁程度把学习分为八个层次：信号学习，刺激—反应学习，连锁学习，语词联想学习，辨别学习，概念学习，原理、规则学习，解决问题学习。1977 年他又把学习分为五个层次：联结与连锁学习、辨别学习、概念学习、规则学习、高级规则学习。从加涅对学习的分类可以看出，他的学习理论带有明显的行为主义观点和机械论的色彩。

2. 国内学者对学习的分类

（1）潘菽对学习的分类

我国心理学家潘菽依据学习的内容和结果对学习进行了分类。他把学习分为以下四种类型：知识的学习，技能和熟练学习，心智的、以思维为主的能力学习，道德品质和行为习惯的学习。其优点是比较符合教育实际，便于教师根据不同类型学习的特点和规律，组织教学和指导学生学习。其缺点是容易把相互联系、相互渗透的学习内容割裂开来，不利于从总体上去把握学习的特点和规律。

（2）李镜流对学习的分类

李镜流在其所著的《教育心理学新论》中，从学生不同的智力活动特点出发，将学习分为三类：知识学习、技能学习、问题解决学习。它的优点是在教学中可考虑学生不同智力活动的特点，具有一定的实用性。它的缺点是过分强调学生在学习过程中智力活动方面，而忽略了态度和品德学习。

（三）影响大学生学习的心理因素

心理学研究表明，有效的学习和智力发展依赖于正常的心理活动。健康的情绪、坚强的意志、良好的性格特征以及和谐的人际关系等均有助于促进学习活动的顺利进行，使人的潜能得以有效的发挥。反之，不良心理则会阻碍正常的学习活动，抑制人的潜能。影响大学生学习的心理因素主要有如下几个方面。

1. 兴趣

兴趣是最好的老师。一个人一旦对某事物有了浓厚的兴趣，就会主动去求知、去探索、去实践，并在求知、探索、实践中产生愉快的情绪。兴趣是乐于认识某种事物或参与某种活动的倾向。从教育心理学的角度来说，兴趣是一个人倾向于认识、研究并获得某种知识的心理特征，是可以推动人们求知的一种内在力量。学生对某一学科有兴趣，就会持续地、专心致志地钻研它，从而提高学习效率。由此可见，兴趣可以是学习的原因，又可以成为学习的结果。

（1）兴趣对学习的影响

兴趣在学习、科研以及其他创造性活动中都有着巨大的作用。兴趣有激发功能，能激发大学生的学习动机，人一旦对某种学习对象感兴趣，便会从生理和心理上产生一种想要去接近、投入的欲望；兴趣有导向功能，它与人的情感相结合引发情趣，再与理想、志向、社会需要相结合，使人的情趣上升为志趣，这样一来，也就一步步使人走上成才的阶梯；兴趣还有开发功能，是开发大脑潜能的金钥匙。心理学实验表明，人类只使用了自己脑资源的 10% 左右，还有 80%~90% 的大脑潜能尚待开发利用。兴趣可以激活大脑的兴奋中心，使大脑处于高度的兴奋状态，使大脑潜能得到大幅度的发挥，使人不断地完善智能结构，并获得学习的新成果。

（2）如何培养兴趣

兴趣是后天形成的，是人们在社会实践中产生和发展起来的。大学生应以专业为中心，拓宽兴趣的范围，广泛涉猎人文、地理、历史等相关知识，并保持一定程度的稳定性和持久性。要培养兴趣，首先应注重实践的作用。只有通过学习实践，大学生才能发现学习的力量和趣味。其次，要培养兴趣，还应安下心来，深入研究。例如，学习计算机时，假如你锁定一个主题，有了深入研究的方向，一层一层地往下追，一定能像吃甘蔗般，滋味越来越甜美，兴趣也越来越浓厚。再次，大学生还可以通过参与社团活动，寻找志同道合的朋友的方式，激发自身的兴趣和斗志。最后，大学生应注重培养专业兴趣。大学生的专业兴趣是大学生力求认识世界、探索真理的带有情绪色彩的意向活动，是学习动机中最活跃、最积极的因素，也是学习的重要原动力之一。培养专业兴趣可以采用参观、听专业教育讲座等直观方式，并配合上述三种方法来实现。

2. 情绪

所谓情绪是指人从事某种活动时产生的兴奋心理状态。心理学家认为，情绪占据着人的整个心理生活和实际生活，它既推动人的本能活动，又干预社会学习和创造活动，是整个人活动的动力。

(1) 情绪对学习的作用

大学生正处于青年时期，是情绪丰富并趋于成熟定型的关键时期。心理学研究表明，情绪对学生的学习行为具有双重作用，既能增强学习的效果，也能减弱学习的效果。良好的情绪往往使大学生乐于行动，有兴趣学习、工作和参与活动，有助于开阔思路、集中注意力、富有创造性。与之相反，当大学生在生活中受到人际关系、学习成绩、个人发展、家庭等方面的消极影响时，可能出现情绪上的波动，会导致上课心不在焉，萎靡不振，出现“不想学—不理解—更加不想学”的恶性循环。

(2) 如何控制情绪

通过上述情绪对学习的影响，我们发现要想发挥情绪对学习的积极作用，必须学会有效控制自己的情绪，保持平和、愉快、积极的心态和情绪去面对生活和学习。通常情况下，大学生可以利用心理暗示法、注意力转移法、适度宣泄法、反向思维法、自我安慰法、心理咨询法等使紧张情绪得以缓解和放松。总之，大学生应根据自身条件及特点，选择适合自己的方法来调节好情绪。

3. 意志

伏尔泰 (Voltaire) 说：“坚持意志伟大的事业需要矢志不渝的精神。”罗曼·罗兰 (Romain Rolland) 也认为：“最可怕的敌人，就是没有坚强的信念。”意志是成就事业的助推器，更是大学生完成学业的不竭动力，在大学生的学习中起着重要作用。众多杰出人物的经验表明，良好的意志品质在成功之路上有着巨大的推动作用。

辅导员要善于培养大学生坚定的学习意志，主要方法如下。

(1) 针对个人不同的气质特点进行相应的调整

黏液质的学生应加强果断性和灵活性的锻炼；胆汁质的学生应加强自制力的提升，有意识地培养忍耐、沉着、克制的心理品质，改正鲁莽冒失的性格特征。

(2) 采取适度的耐挫力训练

学生要参加适度的逆境训练，使自身经受锻炼和磨炼。“宝剑锋从磨砺出，梅花香自苦寒来”，坚强的意志是在同困难作斗争中磨炼出来的。中国香港地区曾举行“千人饥馑日”活动，中国内地屡次举办“吃苦夏令营”活动，国外崇尚“野外生存”训练，这些都体现了耐挫力训练的理念。

（3）加强实践环节是培养大学生良好意志品质的重要手段

参加一些社会实践活动，如青年志愿者活动、扶贫帮教活动、下乡服务等，可以使学生们鼓足战胜困难、争取胜利的勇气。在实践过程中要有针对性地进行意志磨炼，学生要根据不同的意志类型采取不同的锻炼方法。

（4）加强体育锻炼，增强体质

体育锻炼也像意志活动一样，必须克服无数障碍和困难。培养人们勇敢、机智、忍耐、团结、互助的精神和品德，都是体育锻炼所要达到的目的，其中也包含意志的锻炼。身体的健康状况是影响人们意志的条件之一。重视大学生身体健康，使大学生加强体育锻炼，不仅身体得到了锻炼，意志也得到了磨炼。

（5）充分发挥榜样示范作用

以身边的、社会中的或文学作品中的具有坚定果断的意志品质和英雄气概的人物为榜样，学习他们顽强的意志品质，对培养大学生的意志力也能起到重要的作用。

4. 性格

约翰·梅纳德·凯恩斯（John Maynard Keynes）说：“习惯形成性格，性格决定命运。”性格对人一生的影响至关重要，对人的学习也具有一定的影响。一个具有优良性格特征的大学生，可以保证具有正确的学习动机、稳定的学习情绪、持久的学习举动和顽强的学习意志，从而能够提高自身心智活动的水平，获得大学学业的成功。

辅导员要善于培养大学生积极的性格，主要方法如下。

（1）引导大学生确立积极向上的人生观

人的性格归根到底要受到世界观和人生观的制约与影响。一个大学生如果有坚定的人生目标与生活信念，其性格自然会受到好的熏陶和影响，在学习生活中表现出乐观、坦率、自信等良好的性格特征。

（2）指导大学生全面分析自己的性格

大学生对自己的性格要全面分析、正确评估，确定哪些是好的性格特征，需要保持与强化；哪些是不好的性格特征，需要更正。保持好的性格，改善差的性格，一定会使学习活动更加顺利。

（3）重视性格的自我教育与实践的磨练

没有自我教育就没有性格的培养。一些内向的大学生看到自己成绩不好就背上了思想包袱，对于这类学生最有效的方法就是引导他们注重擅长的学科，取得好成绩，树立他们学习的自信心。事实上，养成良好行为习惯的过程也就是塑造良好性格的过程。

(4) 着重培养其利于学习的性格特点

一般来说，勤奋、自信、严谨、创新是优良的学习性格的基本要素。把握这四个方面的内涵，培养优良的学习性格，对于处于求知阶段的大学生来说是非常重要的。

二、大学生学习特点

大学的学习内容、方法和要求与中学相比发生了很大的变化。大学生要想真正学到知识和本领，除了继续发扬勤奋刻苦的学习精神外，还要掌握大学的学习特点，选择适合自己的学习方法。

（一）学习的独立性和自主性

进入大学后，大学生的自我意识开始成熟并日趋稳定，在学习上主要表现为有更强的独立性和自主性。这种充分体现独立性和自主性的学习方式，将贯穿于大学生大学学习的全过程，并反映在大学学习生活的各个方面，如学习时间的安排、学习途径和方式的选择等。

1. 学习时间的安排

与中学生相比，大学生拥有更多可自由支配的时间。大学生的课程安排不像中学生那样每天都排得满满的，除上课之外，他们可以对每天的学习做出个性化的安排。

2. 学习途径的选择

与中学生相比，大学生拥有更为丰富的学习资源。除了课堂教学外，网络、图书馆、校园学术讲座、学生活动、社会实践、师生交流、同学交流等都可以成为大学生的学习资源。

3. 学习方式的选择

与中学生相比，大学生的学习方式会发生明显的变化。中学阶段，学生的学习主要是在教师指导下进行的，学生更多的是需要去执行。大学学习不像中学那样完全依赖教师的计划和安排，而是更多地包含了自己对学习方法的探索和对学习的定位。学生不只是单纯地接受课堂上教师所教的内容，还需要根据自己的学习目标和专业要求，自主学习一些自己感兴趣的和对自己有用的知识。另外，还有一些大学特有的教学环节，如调查研究、课题参与、毕业论文写作等，虽然也需要教师的指导和同学的讨论，但主要还是依靠自己的力量独立完成。

（二）学习的专业性和选择性

1．学习的专业性

大学的课程体系设置与高中有明显的不同，具有很强的专业指向性。从报考大学的那一刻起，专业的选择就被摆在了考生面前，当考生被录取时，专业就已经确定了。大学期间学习的内容都是围绕着专业来安排的。大学生的学习是在确定了专业后进行的，因此，其学习的职业定向性较为明确，即为将来走上工作岗位，适应社会需要所进行的学习。专业与学科群的划分也将大学学习与未来职业生涯紧密联系在一起，而专业学习要求大学生既要了解本专业的前沿知识与经典理论，又要掌握与专业相关的基础知识。不同专业的课程设置、教学内容和培养目标存在较大差异。虽然在学习中也会涉及面向所有学生的公共课以及通识教育选修课，但专业课程仍旧是每个专业学生的主攻领域。

2．学习的选择性

学习的专业性并不等于单一性。学科与学科之间相互交叉和渗透的关系使大学生必须在侧重本专业知识学习的同时，广泛涉猎相关学科领域。近年来为适应社会的变化和对复合型人才的需求，不少高校对本科教育的体制和管理模式等进行了有益的探索和尝试，如为学生开设通识教育选修课和主干基础课，倡导学生跨院系、跨校选修，实行主辅并修制，开设双学位课程等。这就为大学生充分利用学校的教育教学资源，进一步拓宽知识面，增强就业竞争力提供了有利条件。

因此，大学生在学好本专业课程的同时，也可以根据自己的兴趣爱好、发展需要和时间安排，有针对性地选修或辅修某些课程。自主选择参加各类课外的社会实践及实习活动，有意识地扩展自己的知识面，提高自身的实践能力，实现一专多能，才能最终适应社会对人才的需求。

（三）学习方式和途径的多样性

1．课堂学习

大学阶段的课堂教学与中学有所不同，以讲授与讨论相结合为主。中学阶段试图让学生掌握更多的基本知识；而大学阶段更多的是希望大学生掌握更多的学习方法。大学生的学习以自学为主，教师往往只是将学生领进门，作启发性的指导和答疑解惑；大量的时间要靠大学生自己去支配：什么时间应该学习什么，应该用多长时间复习课堂知识，又应当用多长时间去查阅资料、补充笔记和进行课后思考。

2. 课外学习及实践

课堂学习是大学生获取知识的主渠道，但不是唯一渠道。除了课堂听讲和自学外，课外实习、课程设计、科研训练计划、学年论文、专家讲授、学术报告及走向社会的社会实践、咨询服务等为大学生的学习提供了广阔的思路，与老师进行交流、讨论也可以促进大学生的学习。

3. 网络资源

信息时代，教师不再是知识的中心，获取知识的多元化带动了学习方式的变迁，网络又开辟了一条学习的新途径。大学生可以充分利用校园网等资源，独立地查阅文献资料，搜集各种必要的知识信息。大学开放式的教学为学生提供了多种多样的成功之路，大学生可以通过多种方式拓宽知识面，积累丰富的知识。

（四）学习的探索性和研究性

大学学习具有研究和探索的性质。在课程设置、课程安排、课程衔接上突出学生的主体地位，加大了对学生实践能力的培养。在大学的课堂教学中，教师除了讲授基本的概念和理论外，也会提出不同学术观点之间的争论，介绍最新的学术动态等；学生的学习也不单是掌握知识，还要了解科学知识的形成过程，掌握科学研究方法，了解各学科目前研究的水平、存在的问题及解决问题的可能性。因此，大学生需要在掌握前人积累的专业理论知识的基础上继续从事探索活动，并进一步创造新知识。

其中，大学生发展其探索精神和创造性的一个重要活动就是参与科学研究。科研活动是一种富有创造性的活动。在科研过程中，大学生可以体验发现问题与解决问题的乐趣，并进一步通过撰写调查报告和学术论文等来更新或修正已有的知识。通过这些探索和创造过程，大学生的理论修养及其知识观和学习观会发生很大变化。

学生进行探索和研究时需要注意以下几个方面。

一是在学习时，不能仅满足于接受现成的知识，更应注重探究知识的形成过程与科学的研究方法，了解学科发展前沿、科学发展存在的问题及解决的思路，对书本之外的新观点、新理论进行深入的钻研与探索，要搞清楚所学知识的来龙去脉。对一个定理、公理或理论，要搞清楚其产生的背景，提出的过程，适用范围和局限性，经过了什么样的发展和演变，搞清楚自该定理、公理或理论产生以来，哪些学者对其进行了补充、修正或批判等。

二是在学习中需要具有创新的意识和精神，能够举一反三，灵活应用所学的知识；能够提出新问题，发挥自己的想象力；能够提出与别人不同的见解，不受书本和教师的观点的局限。

三是大学生的一些学习环节本身就是一种探索和研究过程，如专业论文写作，它需要学生认真确定课题和研究思路，通过调研和思考，分析和解决研究的问题，并提出自己对该课题的观点。在学好规定课程的同时，大学生可以进行科学研究的尝试，甚至利用自己所学的知识进行科研、发明、创作等。

（五）学习的接受性和创造性

大学学习与中学学习虽有不同，但在学习的接受性方面也有相似之处，即学生在课堂上获得的知识主要是前人积累的现成知识，接受学习是获得现成知识最基本的学习方式。

同时，智力的成熟使大学生具备了深入思考的基础，创造力处在最佳阶段，创造性思维也最为活跃。创造性并不是某些聪明人的专利，而是体现在我们学习生活的各个方面。

1．跨界思考

跨界学习就是把不相关的学科联系起来。举个很有名的例子，一个软件工程师为一家公司设计了一个调查软件，员工用这个软件可以测试出自己的知识状况，但是员工都不愿意用此软件，因为大家都不愿意自己的短处被上司知道。后来设计师在参观美术博物馆时被博物馆里色彩鲜艳的油画深深吸引，突然产生了一个想法，即如果把色彩应用于软件，员工是不是愿意做这个测试呢。带着这个想法，她做了试验，最终把问题解决了。这就是把艺术、色彩和软件的设计做了一个连接。

2．练习横向思维

练习横向思维就是要练习想象力，要跳出人们原有的思维限制，学习从不同的角度、用不同的眼光去看待同一个问题。可以从练习“脑筋急转弯”“一题多解”，以及发现杯子的100种用途等游戏入手。多做这种思维游戏，就会产生创新冲动和形成多元思维的习惯。

3．抓住灵感

好的灵感有时就像一只狡猾的兔子，它在人们眼前一蹿而过，仅闪现了耳朵和尾巴。为了捕捉灵感必须全神贯注。具有创造活力的人总是如此，这也许就是他们与一般人之间的差别所在。著名作曲家贝多芬在1821年给朋友的一封信中，详细地叙述了他在马车里打盹的时候，脑海里突然闪现出一首动听的轮唱曲，于是贝多芬立刻动笔将它记下。当一个主意不邀自来时，你应该马上记下它，必要时可记在手上。当然，并不是每一个主意都有价值，关键的是先记下，再评估。

4. 提高实践能力

通过自己的亲身实践，解开一个又一个应用问题。这不仅能使学习变得生动活泼，对所学过的知识理解得更加深刻，而且通过亲自操作实践，手、眼、脑并用，还能启迪大脑思维，培养创新意识，增强创造性能力。同时，积极参加校内外实践活动，将所学知识和技能应用于工作实践之中，不仅对于巩固知识、提高能力、强化技能有极大作用，而且能把已学到的操作技能加以创造和发挥，探究新问题，增添对创造的兴趣。

三、大学生学习心理与调适

大学生在学习过程中，难免会产生学习动机不足或过强、考试焦虑、学习疲劳、学习畏难等心理矛盾和障碍，并在不同程度上妨碍自身的学习和成长。辅导员要掌握大学生学习中常见的各种心理矛盾和障碍，引导大学生学会心理调适和疏导，帮助大学生提高心理健康水平和学习效率。

（一）学习动机问题及调适

人们无论从事什么活动，总要受到动机的调节和支配。动机是由个人的某种需要所引起的有意识的或无意识的行为指向。个体的学习活动也同其他活动一样受到一定动机的调节和支配。学习动机是直接推动学生进行学习的一种内部动力，是激励和指引学生进行学习的一种需要，是学习过程中不可缺少的条件。大学生中比较常见的由学习动机引起的学习问题主要分为两种：学习动机缺乏和学习动机过强。

1. 学习动机缺乏

（1）学习动机缺乏的原因

①学习压力减退。在高中时期，为了考取理想的大学，许多学生长期刻苦地学习，付出了大量的时间和精力，身心俱疲。考入大学以后，一些学生感到万事大吉，出现了彻底放松现象；加上远离家长的管束，缺少外部的学习压力，这些学生变得安于现状，不思进取，没有了学习的动力。

②对所学专业缺乏兴趣。一些学生在入学前对所学的专业缺乏了解，报考专业时，往往听从父母、教师的建议或由于自己的考分不高，盲目地填报志愿，入

学后才发现所学的专业与自己的预期相去甚远，导致对所学专业提不起兴趣，从而减弱了学习的动机。

③缺乏不平衡感。高中时期，成绩是衡量学生的一个核心要素，成绩不如人会使自己产生强烈的不平衡感。而大学有着非常广阔的发展空间，学习并不是唯一的比较要素，一个人的学习成绩不如他人，但他的组织能力和人际交往能力突出，也会让他得到心理满足，因而难以产生因成绩不如人而产生的不平衡感，缺少学习动力。

④学校因素。大学校园是大学生生活、学习的场所。校园环境、教学设备、课程设置、教学计划、教师素质、校园文化等都会对大学生的学习动机产生影响。不良的校园环境常常会导致学生学习动机的缺乏。

⑤社会因素。社会生活是影响学习动机的重要因素，其中社会价值观对大学生学习动机有巨大影响。如果整个社会崇尚知识和人才，将对大学生的学习动机产生正面影响。

（2）学习动机缺乏的具体表现

①学习无目标。许多学生进入大学以后，只把毕业作为唯一追求，对学习既无长远目标，也无近期目标，对自己在大学期间及每个学期要达到什么目标没有想法。

②学习无计划。每天的学习时间如何安排，学习什么，学习多少内容，如何在多门课程中合理分配时间和精力，对这些问题不做打算。

③学习无兴趣。厌倦学习，逃避学习，如不愿上课，或上课不认真听讲，不积极思考。

④学习无方法。学习动机不足的学生不愿积极寻求一些适合自己的学习方法。由于缺乏正确、灵活的学习策略和方法，一些学生往往不能适应新的学习环境。

（3）学习动机缺乏的自我调适

①要调整心态，以积极的态度对待学习，从容地面对学习。

②掌握适合自己的学习方法。好的学习方法并无固定的模式，每个人都应该结合大学学习的规律和自己的特点，制定学习策略，采取切实可行的改进措施，使自己真正学会如何学习。

③提高对学习目的和意义的认识。明确学习目的和意义是培养和激发学习动机的重要条件之一，当我们认识到学习的价值时，学习就有了责任感和使命感。学习不仅是学习知识的过程，还是开发大脑、开阔眼界、提高认知能力的过程。

④培养与保持对所学专业的学习兴趣。心理学家皮亚杰说过：“所有智力方面

的工作都依赖兴趣。”兴趣是求知的动力、热情的凝聚、行为的指向、成功的起点。心理学研究表明，不但兴趣可以培养，而且其发展也是在逐步深化的，通过创造一定的客观条件和主观努力，兴趣就能够得到培养和激发。世界上不少著名成功者的兴趣都是经过转移和调整的。马克思原先爱好的是诗歌，歌德原来喜欢的是美术，发明电报的莫尔斯原来是个画家。由此可见，我们完全可以将自己的兴趣转移到专业学习上来。

2．学习动机过强

（1）学习动机过强的原因

①成就动机过强。有些大学生由于对自己的能力缺乏正确的认识，所树立的抱负与期望远远超过自己的实际水平。渴望成功、害怕失败的想法给心理造成很大的压力，一旦失败又会挫伤自信心和降低自我效能感。

②不恰当的认知模式。任何成功都与自身能力和环境因素有关，努力是成功的必要条件，但不是唯一条件。有的大学生认为，“只要我努力了，我就能获得成功”“一分汗水就有一分收获”，这些观念把努力学习看成是取得成功的唯一条件。这种认知模式是大学生产生过强学习动机的原因。

③具有一定的补偿心理。有的大学生从小除了学习刻苦、成绩优异外，别无所长，因此更希望通过学习上的出类拔萃来弥补其他方面的不足。

④他人不适当地强化。我国的社会文化倾向于赞扬那些勤奋者，几千年来的封建意识都强调苦读终能成大器，这种意识的深远影响使得现在社会上的大多数人在观念上还是很赞同那些学习动机过强者，认为他们学习用功刻苦、有志向、会有出息，这样会让学习动机过强的学生看不到学习动机过强带来的危害，反而使他们对自己要求更严格、更苛刻。

⑤个体原因。学习动机过强与一个人的性格特征有关，具有要求完美、好强固执、做事认真的性格特点的大学生容易形成过强的学习动机。此外，个体的成长历程和家庭环境也会对学习动机产生影响，如果家庭教养方式过于严厉，父母对孩子期望过高，孩子也容易在日后的学习中产生过强的学习动机。

（2）学习动机过强的具体表现

①过于勤奋。学习动机过强的学生往往把学习看得至高无上，从不或很少将时间花在娱乐或文体活动中，对待学习甚至到了废寝忘食的地步。每天用于学习的时间过长，不善于休息。如此长久下去，将会影响身心健康。

②争强好胜。学习动机过强的学生常把分数和名次放在很重要的位置上，在每次考试或竞赛中总想取得很好的名次，害怕失败。看到别人超过自己就不高兴，

嫉妒心强。有的学生很想得到教师、长辈或亲朋好友的肯定与表扬，唯恐失败而被人看不起。

③情绪紧张。学习动机过强的学生由于长时间超负荷学习，压力巨大而导致心理脆弱，情绪上难以松弛，极易产生学习焦虑和考试焦虑心理。

④容易自责。有些学生对自己的要求是只能成功，不能失败，一旦没有达到既定目标，就会责备自己，并给自己施加更大的压力，期望下次获得成功。有些学生通常不满意自己的现状，总觉得自己应该做得更好，即使成功也并不能带来多少喜悦。

（3）学习动机过强的自我调适

①保持适当的动机水平。心理学家耶基斯（Yerkes）和多德森（Dodson）的研究指出，学习动机强度与学习效果的关系不是线性关系，而是成倒“U”形曲线关系。也就是说，学习动机的强度有一个最佳水平，此时的学习效率最高，超过或低于这个水平，学习效率都达不到最高。所以，大学生要正确认识自己的潜质，制定恰当的学业目标，调整学习动机，与此同时，要做到脚踏实地，循序渐进；把关注点聚焦在学习活动中，而不是总局限在设想成败后果上；以宽容的心态对待自己，降低对学习成败的敏感度，这样反而更有效率，更能发挥水平，更有希望获得成功。

②建立正确的认知模式。大学生应认识和调整不现实的学习目标，进行恰当的自我评价，对自己的能力有充分的认识，使自己的抱负和期望切合自己的能力发展水平。

③转换表面的学习动机为深层学习动机。淡化外在奖励特别是学业成就的诱因，正确对待荣誉与学业成绩。

（二）考试焦虑问题及调适

1. 什么是考试焦虑

大四某一学生从大二开始，每当期末考试的时候，就会头晕头痛、失眠胸闷、寝食难安，有两次因为难以坚持考试而申请补考。可是一旦考试结束，他的病又会奇迹般地自愈。其实，他得的是“考试焦虑症”。考试是大学生学习生活中很重要的一部分，是大学生面临的主要应激源之一，对其身心健康有很大的影响。因此，学会正确对待考试，讲究考试的心理卫生，克服各种考试的心理障碍，培养良好的应试能力是非常重要的。

许多研究证明，绝大多数考生在临考前都有一定程度的紧张或焦虑。适度紧张可以维持考生的兴奋性，增强学习的积极性和自觉性，提高注意力和反应速度。就像在跑步前需要开发令枪一样，这样可以在短时间内刺激体内肾上腺素等物质的分泌，使人全身的力量都被调动起来，迎接即将到来的挑战。

而过度考试焦虑是担心自己考试失败而忧虑的一种负面情绪反应，表现为紧张恐惧，心烦意乱，喜怒无常，无精打采，出现原因不明的腹泻、多汗、尿频、头痛、失眠、记忆力减退、注意力不集中、思维迟钝、学习效率下降等症状。过度考试焦虑对人的心理健康的影响最明显的表现：它会降低个人的自我评价与自信心，使正确的自我意识受到影响。

2. 考试焦虑的原因

（1）考前准备不足

如果考前准备充分，临场发挥时就会比较轻松；如果考前准备不充分，心里没有把握，考试时就会格外紧张。

（2）心理期望值过高

有些学生把学习看得特别重，每次考试都希望获得优异的成绩，想要比别人考得好；有些学生把考试与保送研究生、拿奖学金等评价机制挂钩；还有一些学生把考试与家人的期望联系在一起，这必然会让他们徒增许多压力，极易产生紧张、焦虑的情绪。

（3）考试失败的经历

不少学生曾有过考试失败的经历，多次考试失败的经历很可能会严重挫伤学生的自尊心和自信心，当他们再次面临考试的时候，因害怕失败重现而极易陷入焦虑和烦恼之中。

（4）对考试失败的过分担忧

有些考生总是在考试之前就对并不存在的考试结果忧心忡忡。“万一考砸了怎么办”等想法总是困扰着考生，使其难以集中注意力，难以入眠，记忆力衰退。这些夸大了考试重要性的想法和考生自己想象的“严重后果”不仅使其无法好好复习迎考，而且加重了考生对考试的焦虑程度。

（5）个人的生理状态

身患疾病、体质虚弱、过度疲劳、经常失眠的人，对即将来临的考试容易产生较强的情绪波动。身体素质或考前身体状况较差的学生更容易受到考试焦虑的困扰。

（6）外在环境因素的压力

随着社会人才竞争的日趋激烈，父母、教师都希望学生更加优秀，如家长对大学生要求过严、期待过高，高校过分强调学生的学习成绩，社会有关机构过分注重大学生的考试名次，都会给大学生带来压力，使他们产生考试焦虑。

3. 考试焦虑的调适方法

（1）正确对待考试

考试只是检查学习成效的一种手段，不能全面反映一个人的学习能力和知识水平，更不能决定一个人的前途和命运。一个人的价值由许多部分组成，不能因为一次考试的失败就否定一个人的价值。

（2）调整抱负水平

学会恰当地估计自己的能力，既相信自己的能力水平，又能实事求是，不做过高的期望。大学生应合理设定学习目标，保持恰当的学习压力，重视学习的过程而不是考试的结果。

（3）充分做好考试准备

考试准备包括知识与能力准备、身体准备、心理准备和细节准备。知识与能力准备不只是一遍一遍地复习，更重要的是要知道哪些知识是掌握了的，哪些是不够熟练的，哪些是根本不会的，并进行针对性处理；身体准备是在备考期间要保持科学的饮食和良好的睡眠，注意劳逸结合，保持身体健康；心理准备就是要用积极的自我暗示来树立信心，调节情绪；细节准备就是考试前要把考试用的证件、文具提前准备好，明确考试时间、地点，以应对突发事件的发生。

（4）学会考前和考中自我调节的方法

考试焦虑者每天做一点儿放松训练，多数人可以明显减轻焦虑症状。具体方法是：找一处安静的场所并配置一把舒适的椅子，松开身上所有的紧身衣物，在椅子上寻找一个舒适的姿势，然后按照由下至上的顺序，逐步放松身体的各部分肌肉。具体顺序是：脚趾—脚踝—小腿—大腿—臀部—腹部—腰部—背部—肩部—臂部—颈部—头部，各部位的肌肉先绷紧，再放松。开始时每天两次，每次30分钟，以后每天1次，每次20分钟，时间安排在晚上睡觉前或午饭后1小时。训练时间固定，可以增进放松的效果。进入考场后，如果觉得紧张，不妨闭上眼睛，放松思想，做深呼吸来平复情绪；考试过程中如果遇到平时非常熟悉的内容，却想不起来，就暂时把这道题放一下，先做其他题目，再次做的时候可能就能想到答案。

（三）学习疲劳问题及调适

1. 什么是学习疲劳

某同学从大三开始，总感觉自己睡眠不安、多梦，全身乏力，记忆力减退，精力不易集中，为此他很焦急，又没有别的办法，只能花更多的时间去学习，但是效果却不理想。

他这种情况属于学习疲劳。学习疲劳是指连续学习之后，在生理、心理方面产生劳累，致使学习效率下降、错误增多，甚至出现身体健康方面的问题而不能继续学习的一种异常状态。学习疲劳分为生理疲劳和心理疲劳两种。生理疲劳主要是肌肉受力过久或持续重复伸缩造成肌肉痉挛、麻木、眼球发疼、腰酸背痛、动作不协调、打瞌睡等。心理疲劳一般是由长时间从事心智活动，大脑得不到休息引起的，表现为感觉器官活动机能降低，注意力涣散，思维迟钝，情绪躁动、忧郁、厌烦、易怒，学习效率下降。在学习疲劳中，心理疲劳是主要的。学习疲劳是一种保护性抑制，经过适当的休息即可得到恢复，对大学生的身心发展不会造成严重影响。但是如果长期处于疲劳状态，大学生就会对学习产生厌恶和烦躁情绪，严重时还会引起神经衰弱。

2. 导致学习疲劳的原因及调适

造成大学生学习疲劳的主要原因有学习时间过长，不注意劳逸结合，学习内容难度太大，睡眠时间不足等。调适学习疲劳的方法主要有以下四种。

（1）科学用脑

现代科学已经清楚地提示了大脑两半球的不同功能，所以应根据大脑两半球的不同分工科学用脑，如在从事计算、语言、逻辑、哲学等科学活动时，可穿插色彩、音乐、幻想等艺术活动，这样就可延缓疲劳现象的产生。此外，大脑活动还有一种优势现象，即当大脑某一功能区的活动占优势时，可使其他功能区的活动相对处于休息状态。所以，如果能把读书、计算、思考、写字、听音乐等脑力活动穿插进行，就能防止疲劳。

（2）劳逸结合

“一张一弛，文武之道”，学习也应如此。长时间从事脑力劳动，大脑会感到疲倦，最好的休息是进行体育锻炼和娱乐活动，而不是蒙头大睡。有的学生误以为学习疲劳后长长地睡上一觉是最佳的休息方式，实际上在经过长时间学习后，大脑由于过度劳累而产生兴奋状态，躺在床上反而毫无睡意，若是去打打篮球、跑跑步、听听音乐或者和同学聊聊天，则是有效的放松和调节手段。进行适当的娱乐活动会使大脑中的兴奋点得到调整，从而起到消除紧张的作用。

（3）遵循人体生物节律

人体的各种生理和心理功能随着时间的推移做规律性的运动，如有些人感到早晨学习效率最高，有些人觉得晚上学习效果最好。大学生最好能找到使自己处于最佳工作和学习状态的“黄金时间”，这样不易疲劳。

（4）培养学习的兴趣，创造良好的学习环境

著名物理学家杨振宁曾说过，他不赞成有人说他是“刻苦”学习的，因为他在学习中从没感到“苦”，相反，体会到的是无穷的“乐”。所以，增加学习的快感，有利于减轻学习的疲劳。同时，一个安静、舒适的学习环境能使人心情愉快、精力集中。

（四）学习畏难问题及调适

1. 什么是学习畏难情绪

某同学一直不喜欢化学，没想到上了大学，所学的专业里居然有很多化学方面的课程。每次上课，他既听不进去老师讲的，也不愿意向其他同学请教，渐渐地他不懂的越来越多，就更怕老师提问，总是躲在教室的最后一排。

这种表现明显是陷入对学习的畏难情绪中。学习上的畏难情绪常表现为：厌学，上课心不在焉或蒙头大睡；在课堂上不能集中注意力听课，有时听了也是似懂非懂；教师提问时从不主动回答；遇到难题，或烦躁不安或主动放弃等。

2. 导致学习畏难情绪的原因及调适

（1）学习畏难情绪产生的原因

①对自我了解不够。自我感觉渺小，自我评价太低，使他们缺乏内驱力，对学习中遇到的困难没有信心去克服，因而遭受的挫折也必然比一般的学生多一些。

②课堂吸引力不够。某些学校教育模式更多地侧重知识的传授，而缺乏对智能的开发，在传授知识过程中方法单一，难以调动课堂气氛，缺乏对学生的吸引力。

（2）学习畏难情绪的调适方法

①项目法。设定项目，以项目的完成促进学习。为了项目的完成，学生可以试着把目标化解为一个个小的目标，让自己分阶段去完成，会慢慢发现学习并不是那么难，还会时常获得成功的体验。

②化整为零法。每天只需要学一点东西，那么就会因为学得容易而消除了畏难情绪和消极对抗的心理障碍。对发展需求的适当梳理能够增强信心。

③合理情绪法。不要对自己的自制力和毅力有太高的要求。人都是有惰性的。每位同学都会遇到学习的困难，不要退缩，也不要逃避，要正视它。尝试着改变学习的方式和方法，找出一个最适合自己的学习途径。

④自我控制情绪法。在陷入畏难情绪而难以自拔时，应有意识地用理智去控

制，如自我激励、自我暗示等具体方法。要在心里提醒自己，沉住气，自己一定行，胜利一定属于自己，这样就能增强自信心。

四、大学生学习策略与学习能力的培养

联合国教育、科学及文化组织提出了一个在“学习型社会”生存的口号——“学会学习”，能够主动学习和利用已有信息是一个人生存能力的重要组成部分。大学生在学习中应变被动为主动，积极地、创造性地去接受教育，有效地提高独立学习的能力，掌握恰当的学习策略，为将来走向社会进一步深入学习并获得职业的成功打下坚实的基础。

（一）大学生学习策略的培养

1. 学习策略的内涵

学习策略就是指学习者在学习活动中有效地学习规则、方法、技巧及调控方式。它既可以是内隐的规则系统，也可以是外显的操作程序与步骤。

学习策略的基本涵义包括：

①凡是有助于提高学习质量以及学习效率的程序、规则、方法、技巧及调控方式都属于学习策略范畴。

②学习策略既有内隐、外显之分，又有水平、层次之别。

③学习策略是衡量个体学习能力的重要标准，是制约学习效果的重要因素之一。

④学习策略可以通过教学来发展。虽然学习策略一般由学习者自己制定和使用，但通过教师有意识地教学，学习者的学习策略是可以形成和改善的。

2. 学习策略的培养

良好的学习习惯和方法有利于激发学生学习的积极性和主动性，促进学生形成学习策略，提高学习效率，培养自主学习能力，培养学生的创新精神和创造能力，使学生终身受益。下面将从三个方面介绍掌握有效学习策略的方法。

（1）处理好四个关系

①学习和环境的关系。环境是指供学习者学习的外部条件。狭义地讲，学生的学习环境可分为学校学习环境、家庭学习环境和社会学习环境。学校学习环境是指学校的校舍、师资、教学条件、校风、学风等，这些都是影响学习的因素。家庭学习环境是指家庭为学生学习提供的物质条件，如安静舒适的房间、和睦的家庭关系等。社会学习环境是指影响学生树立正确的人生观、价值观、世界观的

社会氛围。要养成良好的学习习惯，提高学习效率，必须选择合适的学习环境，如安静的教室、图书馆等；最好不要在有太多容易干扰学习的人和物的地点学习，如果学习过程经常被打断，学习效率将大大降低。

②学习和时间的关系。生理学家研究认为，一天之内有四个学习的高效期，如果使用得当，可以轻松自如地掌握、消化和巩固知识。这四个学习高效期分别是：清晨起床后、上午 8 点至 10 点、下午 6 点至 8 点、晚上入睡前一小时。除以上一般性的学习时间规律外，对于不同的人来说，还有自己独特的学习时间规律和习惯。为提高学习效率，要善于发现并充分利用自己独特的最佳时间段，同时，要养成在固定的时间进行学习的习惯。

③学习和资源的关系。大学校园为学生学习提供了充裕的资源，包括师资力量、图书馆、设备仪器、电子资源等。大学生应充分利用这些学习资源，如遇到不懂的问题及时向教师请教，与教师讨论问题，增加与教师的互动；经常使用图书馆资源，扩展兴趣，深入挖掘知识原貌，训练思维。

④学习与集体的关系。大学生应深刻认识到群体互动式学习效率远远优于个体的学习效率。在班集体或者其他组织（如学生会、兴趣小组、社团等）中，成员会根据自己的最高愿望和集体追求的共同目标，共享信息，深入交流，重新创造自我；成员能够做到以前从未做到的事情，超越自身。个人的知识在隐性知识和显性知识相互转化的过程中逐渐提高。同学之间交流成功的学习经验，相互帮助，相互监督。这种互动式的学习，不仅能激发人们的学习兴趣，提高学习的积极性，还能促进人际沟通。但为了避免学习变为娱乐，也需要一定的自制力和外界的监督。

（2）采取五项措施

①按计划学习。学生应该有一个比较全面的学习和生活计划，并养成按计划学习的习惯。计划可以调整，但不能放弃。计划应该包括每天的时间安排、考试复习安排以及双休日、寒暑假安排。计划要简洁明确，这样学习才能有的放矢。

②独立钻研、善于思考。学习最忌讳一知半解，学生应该养成独立钻研、善于思考、深入分析的习惯。学习应避免死记硬背，应该学会追根溯源，寻求事物之间的内在联系。要保持求知欲、好奇心，这往往是培养学习兴趣的重要途径，更重要的是还有利于思维品质的训练。在学习中，大学生应该养成多角度地去思考问题的习惯，有意识地去训练思维的流畅性、灵活性及独创性，注意新旧知识之间、学科之间、所学内容与生活实际等方面的联系，不要孤立地对待知识。

③自学。自学是大学生很重要的一种学习方式，学习层次越高，自学的意义

就越重要。阅读是自学的一种主要形式，通过阅读教科书，主动查阅工具书和资料，大学生可以独立领会知识，把握知识的本质，分析前后联系，反复推敲，理解教材，深化知识，从而提高学习能力。

④合理把握学习过程。大学生要养成认真预习的习惯。课前预习可以减少课堂学习的障碍，提高听课效果，还能够复习、巩固已学的知识，最重要的是能发展学生的自学能力，减少对教师的依赖，增强独立性。要养成专心听课的习惯。如果学生能当堂掌握知识，那么上课的效率一定会大大提高。学生要养成及时复习的习惯。及时复习可加深和巩固对学习内容的理解，防止学习后急速遗忘。对刚学过的知识，要趁热打铁，学过即习，方为及时。随着记忆巩固程度的提高，复习次数可以逐渐减少，间隔的时间可以逐渐加长。

⑤上课记笔记。有实验表明，上课光听不记，仅能掌握当堂内容的30%，一字不落地记也只能掌握50%，而上课时在书上勾画重要内容，在书上记有关要点的关键语句，课下再去整理，则能掌握所学内容的80%。因此，大学生在专心听课的同时，要动笔做简单记录或记号，对重点内容、疑难问题、关键语句进行圈、点、勾、画，把一些关键性的词句记下来。

（3）科学用脑

科学用脑也是一种很好的学习习惯，需要不断探索，坚持实践。英国神经生理学家塞利斯和米勒经过研究证明：大脑训练越少，衰老越快，用脑越多，脑细胞衰老越慢。脑子越用越灵，所以在学习实践中，要多给大脑创造思考的机会，加强大脑的思维训练。下面介绍四种科学用脑的方法。

①保证大脑的营养需求。大脑的神经细胞在工作时，要消耗大量的能量。除氧气外，还需要大量的葡萄糖、蛋白质等营养成分。因此大学生要合理地安排自己的饮食，保证大脑所需的营养物质。

②劳逸结合，保证充足的睡眠。多用脑是件好事，但不能用脑过度，要保证大脑的休息，睡眠是大脑休息的最好方式。睡眠可以使疲劳的大脑重新恢复正常的功能。大学生每天的睡眠时间应保证在8～10小时。应采用劳逸结合的方法，学生在学习文化课一段时间后，可以做体育运动或听音乐，也可以换一些实际操作方面的训练，这样能提高学习效率。

③合理安排用脑学习的时间。生理学家研究认定：人的大脑功能有四个记忆高潮，清晨起床时是第一个记忆高潮；上午8至10点是第二个记忆高潮；下午6至8点是第三个记忆高潮；睡前一个小时是第四个记忆高潮。大学生根据大脑记忆功能的这一变化规律，选择恰当的时间记忆学习的内容，会取得事半功倍

的效果。此外，注意不要在饥饿时和饭后学习，饥饿容易使人注意力分散，饭后容易使人发困，这些都会影响学习效率，一般说来，饭后半个小时左右再学习为佳。

④选择适宜的学习环境。学习时，要尽量选择空气新鲜、安静、光线适宜、氛围轻松的环境。大脑工作时，脑细胞需要大量的氧气来氧化分解葡萄糖，从而保证脑功能正常运转。因而学习的环境要保持空气流通、新鲜。此外，噪声太大、光线太强也不利于人用脑学习。

（二）大学生学习能力的培养

1．学习能力的内涵

学习能力是学习力的一个组成部分。学习力是指一个人或一个组织学习的动力、毅力、能力的综合体现，它是由学习动力、学习毅力和学习能力三个要素组成的。学习动力体现了学习目标，学习毅力反映了学习者的意志，学习能力来源于学习者掌握的知识及其在实践中的应用。学习能力是由学习动力、学习毅力直接驱动而产生的接受新知识、新信息并用所接受的知识和信息认识问题、分析问题、解决问题的能力，主要包括感知力、记忆力、思维力、想象力等。现在许多企业在招聘新人时不再问："你会什么？你学过什么？"而是问："你能否学会我们让你掌握的东西？"这就是一个变革的信号：学习比知识更重要。国外教育领域的研究结果提示，学历代表过去、能力代表现在、学习力代表未来。因此，要想未来的职业生涯发展顺利，必须提升个人的学习能力。

2．学习能力的培养

中国教育家协会、中华教育研究交流中心联合广州市特级教师协会最新研究结果表明，学习能力可以分为六项"多元才能"和十二种"核心能力"。六项"多元才能"指的是：知识整合能力、社交能力、心理素质、团队合作、理财能力、策划与决策能力。十二种"核心能力"指的是：注意力、观察力、记忆力、思维力、想象力、创造力、理解力、语言表达能力、操作能力、运算能力、听知觉能力、视觉能力。

（1）培养动手能力

对于当代大学生而言，动手能力在众多学习能力中占据重要地位，是培养创新能力、思考能力的基础。动手实验的过程能激发大学生学习的兴趣，磨练学生的意志，提高学习效果。因此，应重视培养大学生的动手能力，一方面必须在课堂学习中加大对学生动手能力的培养；另一方面，应充分利用社会实践、志愿服务等机会，让大学生更多地将理论联系实际，在实际工作与生活中，锻炼和提高动手能力。

（2）培养信息能力

信息能力是指能够敏感地捕捉信息并对其进行有效的分析、判断、整理、评估、加工、传递和创新的能力。大学生要学会利用各种现代学习工具，在学习手段上不断更新、与时俱进。熟练掌握计算机、网络等基本操作技能，学会利用网络、电子词典等现代手段，查询、检索、归纳、整理知识和信息，交流、沟通、探讨新情况和新问题，最充分、最及时地应用各种现代媒体接受新知识、新思想、新观念。

（3）培养思考能力

提高学习能力的关键是要学会思考。孔子曾说过："上学以神听，中学以心听，下学以耳听。"上等的学习方法就是要边学习、边思考，这样才能探求事物的本质，领悟事物的精髓。思考是学习的前提，也是学习的更深层次和更高境界。要养成辩证思考、系统思考的习惯，切不可死读书、读死书。思考是对所学的知识归纳、整理、加工，使无序变为有序的过程；是将所学的知识消化、吸收，使别人的知识变成自己的知识的过程，也是使知识转化为能力的过程。大学生必须不断地去探究事物的生成原理，把握事物的内在规律，理清事物的各种联系，只有这样才能真正学到精髓、学出成效。

（4）培养阅读能力

阅读是一种从书面语言中获得意义的心理过程。一个人的精神发育史，实质上就是一个人的阅读史；而一个民族的精神境界，在很大程度上取决于全民族的阅读水平。由此可见阅读的重要性，无论知识载体如何变化，书籍仍然是人类最好的老师，绝不能摒弃读书的好习惯。有效阅读可以启发大学生新的兴趣，树立志向，发展智力，使之终身受益。大学生阅读能力的培养是对大学生的阅读行为和活动进行有目的、有计划的训练，从而帮助大学生树立正确的阅读观念，使他们具备良好的阅读思维能力、阅读选择能力、阅读评价能力的过程。

（5）培养合作与沟通能力

三人行，必有我师。每个人的身上都会有闪光点，都值得我们去挖掘和学习。对大学生来说，团队合作能力是一种必须养成的能力。无论是大学期间的学习、工作和生活，还是今后将面对的职场生涯，都离不开团队合作。在团队合作的过程中，大学生可以相互取长补短，建立和谐的人际关系，获得友谊，取得成功。同时大学生还要学会沟通，应抓住每一次与他人交流的机会，把镜子转向自己，反思自身的问题，最大限度地吸收别人的好思想，听取别人的意见建议，在思想碰撞中产生新思想，实现综合素质的自我超越。

（6）培养创新能力

大学生创新能力的提高必须以掌握扎实的基础知识、培养科学的学习习惯为基础，最大限度地发挥大学生自身的知识潜能，发展自学能力、科研能力、表达能力、组织管理能力、社交和生存能力等，再通过自身知识和能力的升华，形成素质。素质与综合能力通过整合可以激发大学生的创新精神并形成创新能力。大学生通过不断延伸创新精神，不断提高创新能力，逐步成为创新人才。

第三节　大学生心理的呵护者

一、心理健康的内涵

（一）健康的概念和标准

1．健康的概念

健康是指一个人在身体、精神和社会等方面都处于良好的状态。传统的健康观是“无病即健康”，而在现代社会中，健康是从整体而言的，不仅包括生理层面。世界卫生组织将健康界定为身体无疾病，同时心理健康，能够较好地适应社会生活，并且具有优良品德。健康教育学者鲍尔（Bower）以及美国心理学家、教育家霍尔（Hall）对于健康这一概念作出了较完整的阐述，即健康指的是身体、心情、精神层面均较为良好，充满精力的状态。这一状态是以身体生理层面中所有器官技能良好为基础的，同时与物质、精神环境，以及健康生活的科学规律相符合。除此之外，健康也不能被视为生活的终极目标，而应被视为更加美好的生活的基本条件，这种状态的一个重要特征就是能够促进人群的建设性服务。因此，现代人的健康内容包括身体健康、心理健康、社会健康、智力健康、道德健康、环境健康等。

健康是人的基本权利，也是人生的第一财富。

2．健康的标准

随着社会的发展和医学事业的进步，人们对“健康”的概念从“医学—生物模式”逐渐向“生物—心理—社会模式”转变，这是一种将躯体、精神和社会统一起来的健康观。世界卫生组织确定了个体健康的10项标准：

①精力充沛，能从容不迫地应付日常生活和工作的压力而不感到过分紧张。

②处事乐观，态度积极，乐于承担责任，事无巨细，不挑剔。

③善于休息，睡眠良好。

④应变能力强，能适应环境的各种变化。

⑤能够抵抗一般性感冒和传染病。

⑥体重适当，身材匀称，站立时头、肩、臂位置协调。

⑦眼睛明亮，反应敏锐，眼睑不发炎。

⑧牙齿清洁，无空洞，无痛感，齿龈颜色正常，不出血。

⑨头发有光泽，无头屑。

⑩肌肉、皮肤富有弹性，走路轻松有力。

（二）心理健康的标准

1.心理健康判断标准的学说和理论

心理活动的复杂性决定了心理健康问题的复杂性，致使人们在制定心理健康判断标准时，很难直接采用一种确定的依据。由于心理健康问题关系到人的一切，因此，心理学家尤其是心理卫生学家进行了大量的研究，进而形成了一系列有关心理健康判断标准的学说和理论。

（1）经验标准

经验标准是以个人的主观感受来衡量心理健康的标准。由于个体先天的遗传及后天的环境不同，经验标准更强调个体差异。同样的生活事件，不同的个体由于自我认知不同、自我体验不同，自我评价也不同。然而，并非所有的心理病态都能靠人的主观感受来判断。例如，精神病，这是心理疾病中最为严重的一类疾病，但精神病患者总是坚决不承认自己是病人，越是严重的患者就越不承认。

（2）操作标准

对于人的心理，如果我们看重的是心理活动的过程和效应，采用观察、实验和测验等方法，我们所研究的便是操作。操作标准主要有两条：一条是个人的心理效率，另一条是个人的社会效率或社会功能。前者是心理学标准，后者是社会标准。

（3）发展标准

经验标准和操作标准主要考察的是一个人的精神现状。发展标准则不同，它既回顾过去，也展望将来，把一个人的精神状况放在时间坐标上加以考察和分析。

我们从生下来的那一刻起，心理状况逐渐由低水平走向高水平，这就叫作发展。人们认为一个人经历了怎样的发展，是衡量心理健康的重要标准。但是仅仅这一条还不够，我们还要估计他未来发展的可能性和趋势。对于人们心理上的差异，恐怕没有什么能比得上不同年龄人群的心理差异那么显著、深刻而且具有普遍性了。因此，评定心理健康状况时，年龄是一个重要的因素。

（4）社会适应标准

社会适应标准以社会上大多数人的常态为参照标准，观察当事人是否适应常态而作出其心理是否健康的判断。使用这种标准必须参照一定的观念和一定的伦理规范。因此，在不同历史时期、不同地区和不同文化背景下所作出的判断是会有差异的。另外，何种情况算作适应社会，何种情况算作不适应社会，要想对此作出比较明确的界定还是相当困难的。倘若只靠判断者来判断，那么不同的判断者对同一个人的判断很容易出现明显的差异，这主要受判断者的主观因素的影响。

（5）统计学标准

统计学标准是通过对大量正常心理特征进行测量而取得一个常模，把当事人的心理与常模进行比较。统计学标准更多地应用于心理学研究之中。一般而言，我们都要将个体的心理测验结果与常模对照，来判断其心理健康状况。

2．大学生心理健康标准

第一，能保持对学习有较浓厚的兴趣和求知欲望。

第二，具有独立生活的能力。

第三，能保持正确的自我意识，接纳自我。

第四，能协调与控制情绪，保持良好的心境。

第五，能保持和谐的人际关系，乐于交往。

第六，能保持完整统一的人格品质。

第七，能保持良好的环境适应能力。

第八，心理行为符合年龄特征。

（三）心理健康与人生发展

所谓心理健康，是指一个人不仅没有心理疾病或变态行为，而且在身体上、心理上以及社会行为上都能保持良好的状态。心理健康对人的身体、情感和社会行为都有重要的影响。

如果一个人具有健康的心理，那么他的身体也应该是健康的，尤其是中枢神经系统不应该存在任何问题，其功能应该处于正常状态，没有与不健康相关的基因遗传。大脑是心理活动的物质基础，心理活动则是大脑功能的表现。身体健康和大脑健全对于保持心理健康具有重要的作用。一个人只有身体健康，才能保证个人的情感、意识、认知和行为正常运转。

从心理上看，心理健康的人不仅各种功能系统正常，而且对自我通常持肯定的态度，有自知之明，清楚自己的潜能、长处和缺点，能发展自我。在现实生活中，能做到自我平衡，既考虑到自身的生理需要，也遵守社会道德准则；遇到问题时，具备积极的调适能力，还拥有良好的情绪体验和心理适应能力。

就社会行为而言，保持心理健康的人往往能够更好地适应社会环境，处理人际关系得当，行为符合社会常规而非怪异离奇，扮演的角色符合社会标准，并能与社会保持积极联系并对社会作出贡献。

了解了大学生心理特点，辅导员要从大学生的自身发展和实际需要出发，提高大学生的心理健康水平，增强大学生的心理素质，使其形成完善的人格，使大学生以积极的态度对待生活，提高其营造幸福的能力，从而为人生的适应性发展和未来的成功奠定良好基础。

二、大学生心理健康

当今大学生的心理素质一方面对自身成长具有影响，另一方面还对全国人民的综合素质提高至关重要，更关系到新时代的高素质人才培养。一项关于现代人素质的调查显示，现代人的素质尤其是心理素质不足以应对社会的进步与发展，特别是在面对挫折、适应环境和自我独立方面表现出较大的问题。此外，多数人也缺乏竞争意识和危机意识，缺乏自信心，并且过于依赖他人。这是由于当下的教育体系忽视了对人的心理素质的培养和发展。在大学生群体中，出现了抱有自我否定和自我拒绝心态并因此缺乏行动欲望和信心的人。同时，还有面对现实的不如意而变得消极乏力和心灰意冷的情况，人际关系不顺而逃避交往和自我封闭的情况。众多研究显示，我国当前大学生的不良心理具体表现为恐惧、焦虑、强迫、抑郁和心理压力，以及神经衰弱等。

（一）大学生身心发展的特点

大学生是社会发展的主力军，大学生的身心发展对其成才有着直接影响。而大学生身心发展具有以下三个方面的特点。

1. 大学生的生理发展状态

大学生的生理发展正处于迅速走向成熟的时期。人从出生到成熟，生长发育要经历两次高峰：出生后的第一年和青春期。在生长发育的高峰中，身体的形态、肌肉骨骼等迅速变化。从生理发展看，大学生已经历了第二次快速生长期，并到了成长稳定期，骨化逐渐完成，身体形态日渐定型，各器官各系统的机能日益完善成熟。其生理发展一方面是他们在生活和学习上实现独立的必不可少的支持，另一方面还是其心理健康和发展的直接影响因素。

2．大学生的心理特征

大学生在生理发展的基础上，心理也在向成熟快速发展，但尚未真正成熟。所以，大学生的心理发展在大学阶段表现出了以下显著特征。

（1）智力发展达到高峰

人的智力构成是多方面的，认识能力、思维能力和创造能力是智力的支柱；抽象思维的形成、思维独立性的增强，是智力发展成熟的重要标志。大学生各项智力因素已达到成熟状态，他们会主动深入探究事物的本质规律，充分发挥抽象思维能力和创造力。但是，他们有时也容易出现主观片面、固执己见、脱离现实、怀疑一切等倾向。

（2）情绪情感日益丰富

大学生的情绪变化主要受到内在需要的变化和价值观的影响。随着内在需要的日益增多，大学生的情绪日益丰富而强烈；随着教育的深化和环境的熏陶，大学生的情操迅速发展，理智感、道德感、美感得到升华。虽然大学生已能控制自己的情绪，但遇事仍易激动，情绪尚不稳定，带有明显的两极性，有时表现出为真理而奋斗的热情，有时又可能为现实状态而心灰意冷。

（3）自我意识增强

由于脱离了父母的保护，生活空间扩大，独立感、成人感增强，大学生的注意力开始从外部世界转向内心世界，自我控制进入了一个新阶段，表现出一系列新的特点，如更注重自己的穿着、打扮，具有独特的审美观。自尊心、好胜心明显加强，希望得到他人的尊重与理解，往往容易过高估计自己，一旦遇到挫折，容易产生自卑感，不能正确地把握自己。

（4）性意识进一步发展

大学生由于性机能的成熟，性意识也得到了增强。他们关心异性，渴望与异性交往，以获得感情满足。由于大学环境自由开放，与异性学生交往机会较多，不少学生交上异性朋友并开始恋爱，也有一些学生不能正确处理恋爱中的问题，产生了一些负面影响。

3. 不同阶段大学生的心理发展倾向

第一阶段是新生适应阶段。这是大学生进入大学的起步阶段。刚刚进入大学，新生们首先面临着从中学生活到大学生活的急剧转折。由于青年初期独立性不完全、社会阅历浅、过于理想化等特点，大学新生的心态不稳定，表现为对大学生活的多方面不适应。例如，对集体生活不适应，对学习方法不适应，对饮食、气候、语言环境改变的不适应，从而引起一些心理矛盾和冲突。大学新生的诸多不适应既是心理发展未成熟的表现，也是进入陌生环境的特殊心理反应。大多数学生经过一段时间的学习生活实践便能逐步适应，但也有极少数学生出现适应困难、心理压力过大等问题，影响自身的健康和学习。

第二阶段是心理逐步发展阶段。这是大学生全面成长的阶段，也是学习最紧张、最活跃的时期。经过一年左右的时间，大学生对新环境已逐渐熟悉。加之年龄的增长、知识的扩展、视野的开阔，大学生不再像低年级学生那样不适应，而是表现出思维逐渐稳定、人生思考更加深入、奋斗目标日趋明晰、求知欲望更加强烈、重视各种能力培养、社会责任感增强以及政治上要求进步等特点。同时，这一阶段又是大学生分化的阶段，有的学生思想活跃、学习努力、兴趣广泛，而有的学生缺乏明确的学习目标和学习动机，自由散漫，学习松懈，或沉溺于玩乐，或沉溺于恋爱，严重的甚至违法违纪。

第三阶段是毕业准备阶段。这是大学生趋于成熟，准备成为社会独立成员的阶段。高年级的大学生经过几年的学习，认识问题、分析问题和解决问题的能力有了较大提高，个性已趋于稳定，面临着即将完成学业、将要踏上社会的征程。这个时候，大学生心中一方面是对大学生活的深深留恋，一方面也充满了对未来新生活的向往。这一阶段，紧迫感、责任感、焦虑感并存。临近毕业，不少学生在毕业设计、考研、择业等方面感到时间不够用，从而产生紧迫感；即将进入社会，许多学生更加关心国家政治、经济的发展，关心自己所学专业的动态，从而社会责任感增强；围绕求职择业，大学生担心学非所用，为未来的工作能否满足自己的愿望、自己能否适应今后的工作等实际问题而忧心忡忡。

（二）大学生常见的心理健康问题

1. 适应问题

大学生从高中生活过渡到大学生活，其生活环境、学习方式、人际关系、个人角色等都发生了重大变化，这就要求个体能够在较短的时期内在上述方面作出相应的调整和改变，以适应环境的变化。如果个体不能适应环境，就容易出现问题。大学生远离家乡，来到陌生的环境，遇到了问题都需要自己独立解决，于是有些学生出现适应困难的现象，他们无法适应城市、学校、集体及生活方式和学习方式的改变，由此而引发了自卑、抑郁、焦虑等心理问题；有些学生还可能出现厌食、失眠等身体上的不适。

2. 学习问题

大学生主要的任务是学习，这也是大学生活的主要组成部分。有些学生学习动机不强，课堂上，注意力不集中，长此以往，学习进度跟不上，出现厌学情绪。有些学生还是用以前高中的学习方法来对待大学的学习，学习方法不正确，导致学习吃力。有些学生不喜欢自己的专业，对专业学习缺乏兴趣。还有些学生缺乏自信，意志力薄弱，制订了学习计划却总是执行不了，或者考试一次没考好就灰心丧气。由此都可能产生焦虑等心理问题。

3. 情绪困扰问题

情绪与大学生的生活、学习、人际交往、个人发展密切相关，也直接影响大学生的身心健康、学业发展和个人成长。大学生常见的情绪困扰主要是焦虑、抑郁、冷漠、愤怒等。不良的情绪会造成大学生注意力不集中、记忆力和理解力下降，阻碍其创造力的发挥。

4. 人际关系问题

大学生人际交往是指大学生之间以及大学生与其他人之间沟通信息、交流思想、表达情感、协调行为的互动过程。人际交往以及在人际交往过程中建立起来的人际关系，不仅直接影响大学生在校期间的学习和生活，而且直接影响他们的心理健康。在一些大学生身上存在着人际交往的障碍，他们自身也体验到由人际交往引发的不适、苦恼和困惑。人际交往障碍会引发一系列不良情绪，如不快、不满、失望、孤独、烦恼、自卑等，严重者表现为行为上的自我封闭、逃避现实、抑郁、焦虑等。

5. 恋爱与性问题

大学生正处在青春妙龄阶段，对感情比较冲动，而他们的爱情也如同夏日里的太阳雨，美丽却又有些伤感。恋爱问题处理不当会对大学生的学业和生活产生负面影响。社会上的各种媒体充斥着的有关两性知识及爱情的内容，以及成年人的两性交往活动，等等，都会对大学生产生影响。

6. 人格问题

大学生正处于人格发展和完善的重要时期，塑造人格，为掌握知识和技能创造良好的心理条件，为以后适应社会、保证知识技能的充分发挥提供心理基础。

而当前大学生的人格发展中存在着自我价值迷失、道德认识和道德实践匮乏、缺乏良好的自我调节等问题。

7. 心理危机

心理危机就是当个人遇到一些特定的困难和境遇时产生的一种状态，一般是当事人认为无法解决问题，于是感到无能为力、恐慌和悲伤，不能主宰自己的生活。心理安全问题已成为影响大学生成才的重要障碍。

8. 求职择业问题

求职择业是大学生人生的必经之路。而大学生在寻找人生目标、规划职业生涯的过程中，必然要受到社会政治、经济、文化等多方面的影响，加之自身条件的局限性，部分大学生表现出涉世不深、经验不足、自我期望值过高及社会适应力较弱等特点，不可避免地出现种种困惑和不适应，导致心理误区的产生。

9. 特殊群体学生的心理健康问题

大学中特殊群体学生包括家庭经济困难学生、单亲家庭学生、身体发生严重疾病的学生等，这些学生的心理健康状况应引起人们足够的关注。有些家庭经济困难的学生心理表现出了自卑、人际关系困难等问题，还有学习落后的学生、单亲家庭的学生、网络成瘾的学生等，在压力之下更容易出现焦虑、抑郁等心理问题，这些都值得辅导员高度关注。

（三）影响大学生心理健康的主要因素

心理健康状态是人与外在环境相互作用的结果，是一个动态发展的过程。心理健康与不健康受到多方面因素的影响，是多种因素综合作用的结果。

1. 生物因素

生物因素是人心理健康的物质前提和基础。其中包括遗传素质有无明显缺陷、生理发育成熟过程是否正常、健康状况、有无残疾、大脑有无器质性病变及人生不同阶段的生理变化状况。

2. 社会因素

（1）社会环境

随着社会的发展、现代化程度的提高，人们的心理困扰日益突出，尤其是我国正处在社会转型时期，社会变化必然会对大学生产生强烈的冲击，造成其适应困难。

（2）家庭因素

人自出生就处于家庭的环境当中，这是人成长的重要环境，也是重要的教育途径，父母就是最初的教师，对于孩子的心理健康而言，家庭环境、父母的教育方式都是直接的影响因素。根据大学的心理咨询实践，大学生心理问题的发生往往与这两个方面有着密切的联系。

（3）同伴因素

人是社会性动物，大学生处在一个情感丰富的敏感期，同学的生活方式、学习习惯、人际交往方式等都会影响其心理发展。

（4）学校因素

大学是大学生日常生活的场所，学校生活中的某些因素对大学生心理健康的影响是直接而深刻的。

3. 个体心理因素

大学生的个体素质与个体人格之间有着一定的关系，尤其是与其中的负面特征和心理障碍之间存在着一定的相关性。对心理问题和心理障碍而言，其内在因素都包含某一特殊人格特征。大学生常见的性格问题包含羞怯、气量狭窄、易抑郁、心理敏感、多愁善感、不善表达、自卑、缺乏自信以及难以适应社会现实和环境。

同时，虽然大学生的身体已经发育成熟，但他们的心理还在向成熟的方向不断发展。心理和生理成熟程度的不一致性很可能会引起其心理不平衡。大学生的内心较为脆弱，还带有一些依赖和冲动的特点。此外，大学生在进入大学前的多数时间处于高中校园环境内，面对的问题较为单一，经历的事情少，因而他们的心理承受能力较低。这也导致他们在遭受挫折后，易发生心理问题。

三、大学生心理健康教育

辅导员要了解大学生心理健康教育的目标与内容，才能做好学生的心理辅导工作。

（一）大学生心理健康教育的目标

大学生心理健康教育要达成三个层面的目标，即发展目标、预防目标与矫正目标。在预防模式的心理健康教育中，基于大学生各阶段心理发展特点的心理健康教育是最被重视的。

1. 心理健康教育的总目标

增强大学生心理素质，挖掘其潜在能力，使其树立积极乐观的态度，助力大学生健康成长并促进其个性全面发展和人格完善。

2. 心理健康教育的具体目标

帮助大学生形成正确的自我认识，并提升调节自我、承受失败和适应环境的能力；通过教育，使大学生形成健康、完整的人格和良好的个性心理品质。为那些存在心理问题或心理障碍的大学生提供科学、有效的心理咨询和辅导，以帮助他们克服困扰、调节情绪、恢复心理健康状态，从而增强自我教育能力。

结合发展心理学原理和学校教育的实际，大学阶段应着重提高学生的选择能力、社会适应能力、人际交往能力，促使其积极开发自我潜能，使其能以更为成熟的自我意识和社会责任感去对待生活、学习和工作。

高校心理健康教育的具体目标始终贯穿着认知、情感、个性和行为四个方面的知识，以使大学生的心理结构得到全面发展。

（二）大学生心理健康教育的内容

大学生心理健康教育的内容以大学生健康发展教育为主，以心理疾病预防为辅。

1. 自我认知教育

通过训练和指导，帮助大学生科学地认识自己，并使其在自身的发展变化中始终做到能较好地悦纳自己、培养自信、建立良好的自我形象等。

2. 情绪情感教育

教会大学生把握和表达自己的情绪和情感，体察与理解别人的情绪和情感，使其学会有效控制、调节和合理宣泄自己的消极情感，保持乐观的情绪。

3. 意志力优化教育

意志力优化教育使大学生充分了解意志在成长中的作用和自身意志品质的弱点，协助学生提高调节自我、克服困难的能力，使学生提高意志行为水平，不为偶发诱因所驱使，具备意志自觉、果断、坚持、自制的优良品质。

4. 健全人格教育

使大学生了解健康人格的标准及培养途径，使其在客观准确地认识自我、评价自我的基础上，学会修身养性，增强自我教育能力，矫正不良个性，并通过有意识的训练形成富有同情心和正义感的人格。健全人格教育要做到面向全体学生的发展性教育和针对个别学生的矫正性指导相结合，使每一个学生的人格都得到健全发展。

5. 学习心理教育

引导大学生正确认识学习活动的本质，并形成科学的学习观念，培养其积极、健康的学习态度和动机。同时，引导大学生形成良好的学习习惯，学会科学的学习方法。

6. 人际和谐教育

使大学生了解人际交往及人际关系的基本知识和技能，学习与他人交往并保持良好的人际关系，悦纳他人、尊重他人、学会合作、和睦共处。处理好与同学、异性、家长、教师等各方面的关系，帮助其提升人际关系处理能力，引导他们认清人际关系的特点，掌握各种人际互动的技巧和原则，如解决冲突、团队合作、合理竞争、拒绝他人等技巧，以及尊重、支持等原则。

7. 性心理和恋爱教育

了解性生理知识，帮助大学生建立正确的性别观念和性别认同，培养学生健康的恋爱心理与行为，使其学会处理恋爱中的各种问题，学会处理恋爱与学业、恋爱与集体、恋爱与道德等的关系，正确对待失恋，使人格日趋成熟和完善。

8. 生涯规划和就业心理教育

协助大学生形成良好的就业观念和积极的就业心理，明确自身的就业目标或者考研方向；引导大学生积极地参与学习和各种实践活动，以此为途径对社会、职场形成深入了解和实践体验，并结合个人兴趣、能力和个性，塑造正确的择业观、职业观和创业观，增强大学生的创新精神和实践能力；促使大学生形成并强化团队协作意识，同时激发其竞争意识，提升他们适应职场生活、应对职业难题的自信心，着重培养他们的适应能力，让他们掌握面对和解决压力与挫折的方法，同时以积极健康的心态面对就业。

（三）大学生心理健康教育的原则

1. 目标性原则

大学生心理健康教育的根本目标在于促进大学生健康发展，提高大学生基本素质，培养大学生优良的心理品质，提高大学生的生存和适应能力，开发大学生自主发展的潜能。围绕这些目标，大学生心理健康教育的内容不仅应包括人生观与价值观教育、人格培养、情绪情感训练、意志力的培养、自我觉察与认识、生存训练和潜能开发等，而且要包括与之相关的心理测验、咨询辅导、课程安排和活动训练等各项工作。

2. 客观性原则

客观现实是大学生心理健康教育的源泉，大学生健康心理的培养必须从大学生生活的校园环境、社会背景以及其相互之间的关系出发，结合大学生实际，才能行之有效。

3. 发展性原则

一切事物都有产生、增长、变化和进步的过程，大学生在校期间，从带有中学生特点的青年中期到接近成年人的青年后期，是一个发展成长的过程，他们的生理、心理都在迅速地发展，所以必须以发展为原则，分层次、分对象、分特点地对其进行心理健康教育。

4. 系统性原则

心理健康教育是一个系统性工程，教育的内容、教育的方法、教育的手段都不是孤立的，单靠课堂讲授或心理咨询是远远不够的，要多层次、多形式、多内容地开展心理健康教育。

5. 差异性原则

不仅要尊重大学生个体差异，还应尊重其年级差异。考虑不同年级、不同学生的心理需要，是保障学校心理健康教育效果的前提。

6. 活动性原则

在确定大学生心理健康教育内容时应突出以活动为主的特点，把心理健康教育内容渗透于灵活多样、富有情趣的活动中，发挥心理健康教育活动的优势，注重活动过程的教育作用。

四、大学生心理健康教育的方法与途径

心理健康教育是一种教育思想、教育理念、教育精神、教育追求和教育实践，不要把心理健康教育局限于某一方面的工作，辅导员要树立全局观念，全方位渗透心理健康教育，坚持以发展性辅导为主，预防性辅导为辅，兼顾治疗的原则。

（一）大学生心理健康教育的方法

1. 实践法

①开设心理健康教育及相关课程，以课堂讲授为主，对学生系统地讲授心理健康知识，如开设“大学生心理健康学”“大学生心理咨询学”“大学生心理健康教育”等课程。

②定期举办心理健康讲座，有针对性地宣传心理健康知识；开展心理训练实践课程，以训练学生心理行为，如“大学新生心理适应”“大学生心理挫折与调适”“情绪与心理健康”“人格与身心发展”“学习心理与学习适应”“消费与心理

健康”“人际交往与心理健康”“性、恋爱与心理保健”“大学生的压力、挫折与应对”“职业规划与职业适应”“大学生自我意识与自我成长”和“大学生行为指导”等课程。

③发动大学生进行自我教育，自我保健。成立大学生心理健康教育自助性组织，积极开展丰富多彩的心理健康教育活动，如“5·25”大学生心理健康教育日、大型心理咨询活动、校园情景剧大赛以及开展同辈辅导和帮助等各类宣传活动。

④通过学校的传媒平台普及心理健康知识。利用大学生黑板报、校内交流刊物、广播、网络等，广泛宣传心理学知识以扩大影响。

⑤做好积极的心理干预，建立四级心理健康网络，即宿舍（心理委员）—班级（心理委员）—院（系）（分管书记、心理健康教育负责人、心理健康老师、辅导员）—校级（大学生心理健康领导小组、大学生心理咨询中心）之间的联系。定期对从事学生心理健康教育工作的相关人员进行培训，并向大学生普及心理保健知识。

2. 调查法

①开展新生心理普查，建立大学新生心理档案，掌握新生心理健康状况，为高校人才培养、德育工作提供依据。特殊的学生要跟踪关怀。

②专题调查，开展阶段性或连续性的各种专题调查，如“大学生心理健康现状调查”“家庭经济困难学生心理现状调查”“大学生睡眠状况调查”“大学生自我认知调查”“大学生的情感问题调查”“大学生压力应对调查”“大学生意志力等心理品质调查”“大学生个性心理特征调查”等，为大学生心理健康教育提供依据。

③访谈法。走访院（系）教师、辅导员，针对大学生普遍存在的问题，采用开放式的问答方式，开展小型心理健康座谈会，帮助辅导员、教师学习处理学生心理问题的方法。

3. 心理咨询法

在帮助学生自我调节的同时，针对心理压力大的学生可以通过心理咨询的专业帮助，经过交谈、协商、指导、领悟，达到使其自助的目的，助其走向健康。心理咨询可以采用个别咨询、团体咨询的方法，也可以利用现代化通信设备，如电话、网络等进行心理咨询，必要时还可以采取心理治疗方法。

（二）大学生心理健康教育的途径

1. 开展心理健康教育课程——学校心理健康教育的中心途径

瑞士心理学家皮亚杰（Piaget）说过：“学校是启发学生智慧的场所，而不只是教学生学习知识的地方。”开设心理健康教育课程和心理健康知识讲座是大学生心理健康教育的中心途径。因此，学校应开设专门的心理健康教育课程，即把心理健康教育课程纳入学校的教学计划中，做到定时、定点、定员，以保障心理健康教育课程的实施。

心理健康教育课程的开设有助于大学生的成长成才。首先，心理健康教育课程能帮助学生形成正确的心理观念。观念是行为的先导，心理健康教育课程通过有关心理健康重要性及自我观念的教育，增强学生心理健康意识。其次，心理健康教育课程能发展学生多方面的能力。心理健康教育课程采用多种方法开发学生的潜能。通过训练，学生的观察力、注意力、记忆力、思维力、想象力、适应力和承受力等都能得到发展。

2. 营造有利于大学生健康成长的校园文化氛围——加强大学生心理健康教育的基本途径

(1) 校园文化是一个对大学生心理发展十分重要的影响源

文明健康的校园文化对陶冶大学生的情操，开发大学生的智慧潜能，增强其集体主义意识，张扬其个性，净化其心灵，提高其心理健康水平，优化其心理品质有着潜移默化的作用。

高校要致力于校园文化建设，积极营造团结创新、民主和平、积极向上的校园文化氛围和心理健康环境，防止和消除校园文化中的消极因素，严防消极文化对大学校园文化的污染。

(2) 大力宣传心理健康知识

除了讲座的形式，还要充分利用课堂教学、网络、广播、报刊、心理健康知识手册等多种方式或渠道对心理健康知识进行宣传，普及基本的心理健康知识；针对不同年级、不同类型的大学生开设特定的专题讲座，满足不同类型学生不同层次的心理发展需要，教给学生心理健康自我调适的方法与技能，提高学生的心理调适能力和社会适应能力。

(3) 在学科教学中渗透心理健康教育

教师在教学中要注重人文关怀，注重积极情感的感染，结合学科教学内容渗透心理健康教育，通过对学生的宽容、理解、期待的态度以及科学人性化的评价促进学生心理健康成长，指导学生构建现代人应具有的健全人格和积极心理品质。

每位教师都有关注学生心理健康的责任，都应成为学生心理的保健医生。教师要树立积极的人生观，用积极的态度理解和评价学生。“尊重—真诚—理解”

是人本主义心理辅导的基本精神，也是建立民主师生关系的基本原则。每位教师都应掌握一些心理健康知识，重视自身的心理健康，科学地调整自己的心态，使自己始终处于积极乐观、平和稳定、健康的状态，以旺盛的精力、丰富的情感和健康的情绪投入教育教学工作中。

（4）开展丰富多彩的心理健康教育活动

丰富多彩的活动为学生喜闻乐见，可以促进大学生心理发展，维护大学生心理平衡，有助于大学生良好心理品质的养成。许多高校开展的大学生现场心理测验与咨询、校园心理剧比赛、心理健康知识竞赛、心理电影展播、团体心理训练等形式多样的心理健康教育活动，均取得了良好的效果。2004 年，团中央学校部和全国学联把每年的 5 月 25 日定为全国大中学生心理健康日，并举办了全国第一届大中学生心理健康节，主题为“我爱我，走出心灵孤岛”，围绕大学生的社会化、人际关系问题组织开展了一系列活动。很多高校也有自己的心理健康日或心理健康月、心理健康周等活动，这些都是行之有效的途径。

（5）鼓励学生多参加社团活动

在大学校园里，学生自愿成立了多个协会，辅导员要引导、鼓励学生根据自己的爱好和特长，积极参与社团活动，拓展自己的发展空间。辅导员应充分利用好学生社团组织，帮助学生在社团组织中认识自我，发展和完善自我意识，促使其通过学生社团活动磨炼意志、建立自信、体验合作与成功。

（6）对家庭经济困难的大学生进行心理帮扶

辅导员要特别关注家庭经济困难的大学生，对其进行励志教育，使学生懂得物质上的贫困并非真正的贫困，可怕的是精神上的贫困。发掘学生的优势和潜能，转移其兴奋点，引导其做自己擅长或有益的事情，增强其自信心。利用一些主题教育引导学生进行反思，调整学生的心态，培养学生的责任意识和敬业精神，鼓励和引导家庭经济困难的学生以平和、乐观的心态去体验勤工俭学等活动，对他们的良好行为及时给予赞许。通过勤工俭学等实践活动，学生不仅可以自食其力，还可以提高自身的社会实践能力。

（7）加强寝室文化建设，营造和谐心理环境

教室和寝室是大学生的两大主要阵地，和谐的寝室氛围、整洁的寝室环境能让人身心愉悦。寝室生活不仅能历练个体的人际交往能力，也让学生们在加强沟通交流的同时满足一些心理需求，如分担忧伤、分享快乐等。

3. 提供有效的社会支持——大学生心灵成长不容忽视的必要途径

社会支持是以个体（被支持者）为核心，个体与他人或社会（支持者，包括

亲属、朋友、同学等人以及家庭、学校、社会等组织）通过支持性行为所构成的人际交往系统。它包括三个维度：客观支持，即独立于个体感受的客观、可见的支持；主观支持，即与个体主观感受密切相关的体验到的支持，是个体在社会中受到尊重，被支持、理解的情感体验和满意程度；对支持的利用度，即使用了多少社会支持资源。

当代大学生在学习、生活中会遇到各种各样的压力和挫折，寻求有效的社会支持是大学生必备的素质，大学生要善于利用老师、同学、朋友、家人、亲戚等社会支持来应对这些压力和挫折，以积极的态度对待社会支持，充分利用社会资源，特别是在同龄伙伴之间养成心灵互动、相互支持的习惯，以帮助自己加强心理弹性，成功应对困难和挑战。

4. 团体心理辅导在学生工作中的运用——创新大学生思想政治教育的新手段

随着高校的扩招，大学教育的相对大众化，高校学生工作出现了诸多新情况、新问题，学生工作面临许多新的挑战。团体心理辅导的形式能在一定程度上起到很好的调节作用，它作为全新的一种教育方法，立足于“全人发展”的教育理念，为高校辅导员开展思想政治教育提供了独特的视角和全新的思维。

5. 重视、培养进行大学生心理危机干预的队伍——大学生心理危机干预的法宝

社会竞争激烈，学习和就业压力增大，加上身心疾病、感情波折和经济困难等因素，大学生心理危机时有发生。大学生心理危机干预是一项复杂的系统工程。如何对大学生的心理危机实施有效干预，是摆在高校教育工作者面前的一个重要的实践课题。心理危机干预的主力是受过专门训练的心理咨询师，从危机干预的体系建构来讲，仅仅依靠某个部门或中心（如危机干预或心理咨询中心）常常难以做到有效干预，它需要学校不同部门、机构的相互配合，这些部门和机构包括学生处、校医院、保卫处、院系学生工作委员会、学生会等。同时，高校必须高度重视这项工作，应根据学校实际，制定大学生心理问题预警和干预方案，培养专兼职人才队伍，为学生提供多种心理危机干预途径，如心理咨询热线、个别咨询、心理支持性团体、网络咨询、心理健康材料发放、心理专题讲座等形式，提高大学生处理或应对心理危机的意识和技巧。

第四节　大学生职业生涯规划的指导者

一、职业生涯规划的基本概念

（一）认识职业生涯规划

1. 生涯

“生”，即“活着”；“涯”，即“边界”。广义上理解，“生”，自然是与一个人的生命相联系；“涯”，则有边界的含义，即指人生经历、生活道路以及职业、专业、事业。因此，“生涯”可视作介于“生命”和“职业”之间的概念，其外延既可以宽泛至个人的一生，与“生命”概念相似，也可以狭窄到与“职业”含义等同。这一概念的内涵和特性非常丰富，并且内容宽泛。生涯可以理解为人生道路，也可以用来描述人或事物的经历，或者一个人一生的成长轨迹，或者一个人一生中所担任的不同的角色和职位。

2. 职业生涯

职业生涯指的是个人在职业发展上的经历和历程，是对生涯概念的一种狭义理解。职业生涯包括一个人在整个人生中所担任的各种职位和职能的历程。一个人一生中连续从事的职业，不仅涵盖了其从事职业的实际历程，还包括个人对职业发展的理解和期望。详细而言，职业生涯建立在个体心理、生理、智力、技能、伦理等各方面的潜能开发之上，将工作内容的确定性和变化、工作绩效的评价、工资待遇和职称职务的变化等作为标志，将实现需求作为目标的内心体验经历和工作经历。

3. 职业生涯规划

职业生涯规划简称生涯规划，又叫职业生涯设计，是指个人与组织相结合，在对自身职业生涯的主客观条件进行测定、分析、总结的基础上，对自己的兴趣、爱好、能力、特点进行综合分析与权衡，结合时代特点，根据自己的职业倾向，确定最佳的职业奋斗目标，并为实现这一目标做出行之有效的安排。

一个人的职业生涯是一个长期的经历。或许有人会终身从事同一种职业，或者会尝试多种职业，但无论如何，每个人都渴望找到适合自己、相对稳定的职业。制定职业生涯规划是一个综合性的任务，考虑到自身的学识、兴趣爱好、机会和工作环境等因素，人可能需要做出一些调整来适应当前的职业市场需求。只有基于工作实际，调整过去的职业目标和兴趣，转变心态，并培养敬业精神，通过在实践中形成爱岗精神，进而全身心地投入工作，才能实现个人价值并取得成绩。

（二）职业生涯规划的特征

职业生涯规划有三个显著的特点。

1. 发展动力的源泉在于个人自身

职业生涯规划不是可以简单完成的，而是一个不断探索的过程。每个人都会通过职业生涯规划，认识到自己的天赋、能力、动机、需求、态度和价值观等，并基于这些因素逐渐形成一个更加清晰的职业自我认知。这也就使得个人对自身的了解越发深入，进而形成主要的、主导的职业观。

2. 个性化特征

当一个人深入了解自己的天赋、能力、动机、需求、态度和价值观后，就会认识到哪种职业最适合自己。当他需要做出重要的职业选择时，如是成为一名学科教师还是做一名行政教师，此时他的过往工作经验、兴趣、资历、性格等因素将会融合成一个对其未来有重要影响的职业观，即在个人看来，什么是最为重要的。

3. 心理合同性质

尽管大学生已经具备了逻辑思维和分辨能力，但他们对职业和社会的了解还不够深入，他们的职业观尚未完全成型，这可能会导致他们在职业选择方面感到困惑，容易被家长或朋友的建议所影响而作出盲目的选择。在此时期，大学生需积极寻求机会，发现和培养自身潜能、兴趣和技能，广泛获取职场知识和资讯，探索个人价值观、职业动力和愿景，并初步认知社会现实状况和未来发展趋势。职业生涯规划可引导学生更全面和深刻地认识自我，并根据社会的需求，不断调整并完善自己的职业发展计划。

（三）大学生职业生涯规划的意义

1. 信息社会的到来要求大学生尽早规划人生

随着网络的广泛普及，信息时代形成了新的经济形势，对人才素质的要求也更高。一方面要求人才知识结构合理，另一方面要求人才的逻辑思维能力、社会实践能力与创新能力等多重综合素质良好。大学生是推动国家发展的重要人才，他们需要跟上信息社会的步伐，并且抓住任何有可能成功的机会。这就要求他们尽早进行生涯规划，深入了解自己，提升个人素质与修养，并且设计一条适合自己的事业发展道路。

2. 职业生涯规划的训练有助于全面提高大学生综合素质

大学生在选课方面的自由度较高，然而，缺乏职业生涯规划就难以找到正确的职业道路，进而缺乏明确的学习目标。这也将造成其学习意志不坚定，盲目选择学习内容，难以形成合理的知识结构，影响其综合素质的提升。因此，辅导员应当从大一就开始指导学生进行职业生涯规划，使其依据职业生涯规划学习和发展自己，为职业发展奠定基础。

3. 通过开展大学生职业规划指导，增强大学生主体意识

开展大学生职业生涯规划指导，让大学生全面认识自己的个性、长处与不足，认识社会对人才的需求，从而使其制定适合自己的职业生涯目标，并自觉地将目标规划转化为行动，增强学习的目的性和主体性意识。

4. 通过大学生职业生涯规划指导，帮助大学生开拓美好前程

以现有的成就为基础，帮助大学生确立人生方向，给其提供奋斗的策略。虽然每个学生都有成才的愿望，但是由于缺乏职业生涯规划经验，有的学生有目标但不知从何做起，有的学生目标还不明确甚至还没有设定。职业生涯规划指导则可以促进大学生树立正确的职业生涯观，使其学会根据自身的素质特征，结合个人的价值取向和兴趣爱好，并考虑人才市场的现状和发展趋势来确立自己的职业生涯目标，从而设计符合个人实际的合理的职业发展规划。

5. 职业生涯规划指导是新形势下高校学生思想政治工作的一种行之有效的新形式、新方法

职业生涯规划指导是新形势下创新高校思想政治工作的有效手段。在大学生思想政治教育中，职业生涯规划能令大学生产生一种巨大的精神推动力，促使他们把自己的行为都集中到促进既定目标的实现上来，发挥着目标导向的作用。首先，大学生需要自我认知、自我分析和自我评估。在这一过程中，大学生能够更加全面、深入地认识和反思自己，明确自己的长处和短处，将自身的发展与社会需要紧密结合，并进行认真、系统的考量，从而提高学习的主动性、积极性。其次，职业生涯规划有利于把大学生的精力集中到提高自身的能力和素质上来，也有利于消除他们的懒惰思想，纠正他们的思想认识偏差，促使其形成一种积极上进、奋发进取的精神状态，从而促进高校思想政治教育工作的开展。

二、职业生涯的发展阶段与职业生涯规划需要遵循的原则

（一）职业生涯的发展阶段

唐纳德·舒伯（Donald Super）是美国的一位职业指导专家，他将职业生涯划分为成长、试探、决定、保持与衰退五个阶段。

1. 成长阶段

成长阶段为0～14岁，儿童逐渐形成和发展自我概念，以多种方式表达个人需要，在对世界的尝试中修正个人角色。

成长阶段的发展任务在于发展自我形象，了解工作意义，形成关于工作的正确态度。成长阶段可细化为三个时期：4～10岁的幻想期，主要考虑因素为需要，常进行角色扮演；11～12岁的兴趣期，主要考虑因素为兴趣，这决定了儿童的行为；13～14岁的能力期，主要考虑因素为能力。

2. 探索阶段

探索阶段为15～24岁，青少年会通过学校的活动、社团休闲活动、打零工等机会来探索自己的能力和角色，职业选择弹性大。

探索阶段的发展任务在于逐步明确、细化和实现职业偏好。探索阶段可分为三个时期：15～17岁的试探期，更加侧重于需要、兴趣、能力及机会，做暂时的决定，并在生活和学习中尝试；18～21岁的过渡期，开始初步进入职场或者接受职业训练，更关注现实，努力实现自我观念，做出特定选择；22～24岁的实验并稍作承诺期，确定职业，并尝试使之作为长期职业，如果不适合则可能再经历上述各时期以确定方向。

3. 建立阶段

建立阶段为25～44岁，经历了探索阶段的多种职业尝试后，在这一阶段能够明确自己的职业生涯位置，31～40岁会考虑和试图巩固、稳定这一位置。发展任务为整合、稳固并求上进。建立阶段可分为两个时期：25～30岁的实验—承诺—稳定期，在尝试中找到稳定职业，或者对当下职业不满；31～44岁的建立期，力图稳固职业生涯，通常富有创新，业绩优良。

4. 维持阶段

维持阶段为45～65岁，努力维持职业位置，也面临新人的挑战，主要发展任务是维持既有成就与地位。

5. 衰退阶段

衰退阶段为65岁以上，因为身心机能衰退，不得不面对现实，从积极参与

到隐退，因而更加关注发展新角色，以多种方式替代职业以满足发展需求。

人在不同阶段有各自的发展任务，不同任务需要发展至一定水平，并且是以前一阶段的发展为基础的。并且，各阶段都存在成长、探索、建立、维持和衰退的问题，所以整个职业生涯就形成了“成长—探索—建立—维持—衰退”的循环。

（二）职业生涯规划需要遵循的原则

职业生涯是一件有关个人发展的严肃的事情，因此，在进行职业生涯规划时，一定要将自己的实际情况与社会现实相结合，并遵循以下几个原则。

1. 持久原则

爱迪生是一位著名的发明家，一生共有约两千项创造发明，对人类文明的发展而言贡献巨大。爱迪生发明电灯的故事可谓耳熟能详，他尝试了多种材料，尝试、失败、再尝试，最终才成功找到合适的材料。

爱迪生的家庭条件并非孕育成功的最佳土壤。他没有上学的机会，而且身体也有部分残疾。在今天的社会，这种条件很可能导致一个人处于贫困的境地。但是爱迪生却获得了极大的成功，其原因在于其遵循持久原则来进行职业规划。

基于持久原则，我们可以具有更多的余地和空间，找到多种可能性来改变目前的处境，从而解决职业生涯中的困难。

2. 藐视原则

“愚公移山”是著名的寓言故事，面对王屋、太行两座山，他决心带家人用锄头移走，面对别人的疑问，他回答山虽高大，但不会增加，自身力量虽小，但是子子孙孙无穷尽，总有一天能移走大山。

“愚公移山”的寓意十分深刻。愚公尝试着完成一项被认为不可能完成的任务。尽管从理论上看，移山能够做到，但从常识和实践上，它在现实世界中不可能成功。当然，我们应该更注重故事背后传达的重要思想——藐视原则。

在人生的旅途中，我们经常会遇到一些挑战和难题，它们可能会让我们感到无从下手或不愿面对。但是只有勇敢地面对，才能解决问题。我们需要从全局和战略的角度看待挑战，藐视它，才能有勇气克服它们。

3. 生存原则

“自相矛盾”的故事中，商人先说自己卖的矛之锋利为天下之最，没有盾能够防御。在卖盾的时候又说，这盾之坚固为天下之最，没有矛可以刺穿。围观的人便问，用他的矛去刺他的盾会怎么样？

“自相矛盾”的典故生动地阐述了职业生涯中最基本的原则。在职业生涯中，必然要寻求发展，但是生存也必不可少，这两个方面并没有互相排斥的情况。实际上，它们都传达同样的信息：首要的是生存，只有确保自己的生存，才能谈发展。

生存的积累和职业成长的不同在于，生存的积累可以在当下或日常生活中进行，而职业成长则需要时机的等待。在人生中，最基本、最普遍的矛盾是如何平衡生存和发展两个方面，妥善处理这一对矛盾能够有助于个人职业的良性发展。

4.立足点原则

“狡兔三窟”的故事中，冯谖承担收债的任务，却将薛地百姓的债券凭证销毁，并对孟尝君说“仅得免其死耳；今君有一窟，未得高枕而卧也。请为君复凿二窟。”历史证明，孟尝君政治生涯的成功，离不开冯谖的谋划。

“狡兔三窟”启迪我们：人应该在任何时候都留有退路和备选方案。现今时代中，职业生涯中的立足点虽然源自古老的战略思维，但是在实践中已经超越了其最初的概念与范围。

5.集中力量原则

两个小孩跟一个画家学画画，旁人对画家说，其中一个太笨，建议画家不要收。画家说，聪明的孩子就像用薄锅烧水一样，烧得快；笨的孩子，就像厚锅，虽然慢一点，但终究会烧开的。各有各的条件，各有优劣而已。

在战略层面上，我们应该藐视困难，但实际解决困难的时候，我们必须认真对待。除了认真对待外，还需要集中力量克服具体的难题。集中力量是从平凡转变为非凡的卓越策略。

三、大学生职业生涯规划的内容与实施

每个人对自己人生的规划都是独特而且理想化的，有些计划可以完成，而有些则可能无法如愿。职业生涯规划的全面成功需要包括以下几个关键步骤：进行自我评估、评估职业生涯机会、选择职业、规划职业生涯路线、确立职业生涯目标、制定实际的行动计划和措施。其发展计划包括纵向和横向：前者就是职务的升迁、晋升，后者就是在同一级别内，转换到不同的职位，但是有更多机会，能够参与单位各种决策行动。

（一）大学生职业生涯规划的内容

1.自我评估

知己知彼才能够成功。大学生通过自我评估能够对自己形成全面、客观的了

解和认识。只有基于此，才能做出明智的职业决策，找到与个人发展需求相符的职业规划，以及找到最佳的职业生涯路线和目标。剖析、评估自我，能够更准确地找到个人兴趣爱好、形成价值观，确定自己的资质和行为取向，对自己的背景和优缺点形成正确而清醒的认识。自我评估的方法较为多样，如多种心理测验、自我评价练习，借此能够明确自己的兴趣、特长、性格、学识、技能、智商、情商、思维方式、道德水平，分析自己的经验和经历，明确自己的天赋和兴趣，这也是职业生涯规划的优势。

2. 职业生涯机会的评估

在较为全面、正确地认识、了解自我之后，要作出职业生涯机会评估。这主要是评估各种环境因素对自己职业生涯发展的影响，包括组织环境（如组织结构）、政治环境（如政策、法规、制度等）、社会环境、经济环境；评估社会对自身专业的需求，了解社会发展趋势和职业需求，根据时代发展选择职业，包括分析有关专业的知识、性质、特点，各职业的发展潜力、福利卫生、经济收入、就业难易程度、对从业人员的要求等。人的生存离不开环境，依托于环境，受制于环境。所以在职业生涯规划中，需积极与师长、亲友、同学等交流，了解他们对自己的评价，关注社会就业情况和对人才的需求，正确认识社会环境对成才和职业生涯发展的影响，提升社会责任感。在分析环境条件特点时需考察以下几个方面：环境的发展变化情况、个人与环境的互动关系、个人在该环境中的地位、环境对个人提出的要求以及环境所具有的优势和劣势。在全面了解上述情况之后，才能够理清思路，趋利避害，作出正确选择，做好职业生涯规划。

职业生涯机会评估需要基于自身的专业定向教育特点，关注如下重点。

第一，与本专业对应职业群有关的职业资格。例如，医学类专业的学生不但应了解与医学有关的职业资格，还应了解护理、药学、医事法律、医药英语等职业资格。仅就临床医生而言，就应知道至少四类与职业生涯有关的证书：一是大学毕业证与学位证，这是具有职业资格的证明；二是规范化医生培训证；三是专业技术职务证书，如住院医师、主治医师、副主任医师、主任医师，这反映了专业水平的高低；四是跨职业的能力水平证书，如外语证书、计算机证书、普通话证书和汽车驾驶证等。这些证书或是与取得第二、第三类证书相关，或是与提高求职成功率相关。要明确不同证书的类型和用途，并且了解取得这些证书需要具备的学术、技术和能力等条件。这将为设计职业生涯提供坚实的基础，确保专业方向与职业生涯相协调。

第二，科技发展对与本专业相关的职业群体以及其他相关职业群体的影响，并分析它们的发展趋势。职业资格标准往往紧跟职业变革的步伐，随着科技的不断进步，职业资格标准也在不断调整以适应实际需求。所以，人不仅需要刻苦学习，以为未来打好基础，更要形成终身学习观念。

第三，“双向选择，竞争上岗”的观念。在现今社会中，一个人在同一个单位同一个岗位工作一辈子的可能性越来越小。因此，我们需要让大学生了解劳动力市场及其运作机制，培养竞争上岗、多次就业的观念。

3. 人职匹配理论与职业的选择

作为大学生，应该了解自己的性格与职业的关系，争取让自己的性格与职业有机结合，这有利于人生的发展。

为了帮助人们做出更好的职业选择和职业咨询，我们可以使用人职匹配理论，也叫作特性与素质理论。这是一种经典理论，最早由美国波士顿大学教授帕森斯提出。它的意思是将个人的主观条件与社会职业岗位相比较，然后选择一种适合自己的职业。

人职匹配的步骤可细分为三个：首先是个人特性评估。通过生理和心理特征评估、职业能力测验、兴趣评估和人格测验，以及了解家庭背景、父母职业、经济情况、学业成绩和爱好，从而得到全面的信息，进行综合评估。其次是分析职业因素。指研究职业特征、工作内容和对从业者的要求等各方面因素。最后是个人特性与职业因素的匹配，基于对个人特性和社会职业因素的分析评估结果，开展职业咨询和指导，以实现个人与职业之间的恰当匹配。

4. 职业生涯路线的选择

一旦确定了自己的职业选择，就需要选定一条合适的职业生涯路线。要清楚自己想要什么样的职业，并根据发展路径的不同，满足不同的要求。例如，有些人擅长行政工作，能够发展为优秀的管理人才；有些人则更适合学术研究，能够发展为专家学者；有些人具备经营才能，在商业中表现出色，能够发展为经营方面的重要人才；有些人没有管理能力，却决定走行政管理的职业道路，那么他很难在这个领域取得成功。这表明选择职业生涯路线是实现职业成功的重要前提之一。选择职业生涯路线的重要因素是明确自己的目标，指导自己必须做什么和怎么做，并选择适合自己的职业。在职业选择中，需要自己独立作出许多关键的决策，这又需要制订个人计划并努力实现。职业生涯规划的关键在于深刻透视自我，透视个人的优势和劣势，并透视自己的价值观是否与所追求的职业相契合。

5. 设定职业生涯的目标

对于职业生涯规划而言，目标是核心。能否取得事业的成功，目标是否正确、合适是极为关键的影响因素。选择职业生涯目标是在确定职业选择和规划后作出的对人生目标的决策。这一选择是基于自身最优秀的技能、性格特点、兴趣爱好以及最有利的环境条件等方面的考虑。一般来说，职业生涯规划包括短期、中期和长期目标，以及最终的人生目标。日目标、周目标、月目标、年目标属于短期目标，而中期目标通常为 3～5 年的计划，长期目标则为 5～10 年的计划。这些目标往往与所希望得到的职位、所需的技能水平、工作条件或技能的获得等密切相关。

6. 制订行动计划与措施

一旦确立了目标，就需要制订具体可行的计划以确保目标实现。一般来说，计划通常是具体的并且具有实施性。若缺乏实现目标的行为，目标就无从实现，成功的职业生涯便无从谈起。在这里，行动是指为实现目标而采取的具体行动，这些行动包括实践工作、培训、教育和轮岗等措施。例如，为了实现目标而采取的提高工作效率的措施；为提升业务能力，准备学习哪些领域的知识和技能；为发展潜能所采取的具体措施等。上述都需要制订具体的计划和措施，并确保这些计划和措施具有可操作性，以便能够定期进行检查。职业生涯规划是一个蓝图，它考虑了各种因素，并且会随着时间的推移和实施过程中的变化被调整。在执行过程中，执行者会发现一些未考虑到的问题和新的挑战和障碍。定期对自己的职业生涯规划进行有目的的评估是非常必要的，这样可以确保规划的可行性和有效性。大学生应该从多个角度来评估和调整自己的职业生涯规划，包括综合素质测评和根据来自家人、同学、朋友和教师的评价。修改的要点包括重新选择职业、调整职业生涯路线、修正人生目标以及更新实施措施和计划。

（二）大学生职业生涯规划的策略

大学期间，大学生要对自己进行个人定位，不断地挖掘自我核心能力。“以策略为先导，以行动为核心”，策略是方向，行动是箭，没有策略，箭就没有方向，没有方向的箭即使再有力、再锋利，也射不到靶子上！因此，在行动之前，我们必须先制定求职的策略。

大学生在求职前要做好定位的准备。首先要确定方向：是就业、考研、考公务员还是留学、创业。为什么每年都有一部分毕业生不能及时就业？主要原因就是定位不准。许多大学生都会长时间地犹豫：毕业后究竟是就业、考研、考公务员、出国，还是自主创业？如果没有及时确定发展方向，就很容易延误时机。无论作何种选择，都必须早做准备。

1. 就业求职

明白自己到底想要什么，只有弄清楚了自己的择业标准，才能避免择业时的盲从。择业期望不能太高，要实际一点，客观一些，有时为了满足主要条件，要勇于放弃一些次要条件。

如果决定就业，就要对职业、待遇、地区、爱情等因素排序，抓住要点，而不要一味地要求面面俱到。至于薪酬待遇问题，全社会虽有大致的水平，但不同行业和不同类型的单位差异很大，毕业生应该对此有所了解，绝不能盲目认定“工资不能低于 ×× 元”。作为毕业生求职，最重要的是凡事有弹性，有时不要介意薪金少而工作量大，要敢于把握一切机会。

2. 考研深造

不要盲目考研，在确定考研之前，一定要明确自己考研的目的是什么。如果立志要做学术研究，那么选择考研是正确的，考研对于本科毕业生来说是一种再深造的机会，研究生进修确实可以促进学术进步，而且就业前景也比本科生乐观。

很多应届毕业生考研是为了逃避找工作，或者因暂时找不到好工作，而认为将来有了研究生学历就容易找一份好工作了。如果单单是为了找一份好工作而考研，就请三思而后行。因为近年来大学年年扩招，找工作的人越来越多，工作得越晚，就越不利。而且近年来研究生规模不断扩大，大批研究生需要就业，研究生就业也会越来越难。

3. 考公务员

如果有志于当公务员，为国家效力，并且自己喜欢稳定、波澜不惊的平淡生活，那么选择考公务员是一条很好的出路。

4. 出国留学

出国留学的优势有很多，如可以熟悉国外先进的技术和管理经验，具有多重语言和文化背景、开阔的国际视野、活跃的思维。这些对个人未来的发展具有很大的促进作用。据调查，57.5% 的海归在归国半年的时间内可以找到理想的工作，供职企业大多数为外企和民企。只有明确了自己的目的，才不至于获得学位之后茫然不知所措。另外，如果确定出国留学，还要做好语言、资金和心理上的准备，在出国前选好专业，为以后的就业做好准备。

5. 自己创业

因为就业压力越来越大，毕业生在职场中找到适合自己的工作比较困难。部分学生表示，由于目前大学毕业待业人数逐年递增，原有的工作岗位待遇变得越来越低，这与他们最初的期望相差甚远，他们不满足于现有的职业工资待遇状况而选择自主创业。另外，大学生创业若想获得成功，必须克服融资、创新、经验、知识和心理素质这五个方面的难点，任何一方面出现问题，都会带来严重的挑战和阻碍。一般认为，大学毕业生应该优先寻找工作，努力做好自己的本职工作，拥有足够的工作经验、财力和人脉资源之后再考虑创业可能更为保险可靠。

6. 地域壁垒

谈到单位所处的地域，大多数毕业生首选北京、上海、广州、深圳等大城市和沿海发达地区。除了这几大热门城市之外，省内的第一选择是省会，其次是经济发达的城市，再次是出生地所属的区市。大学生选择工作地点时不能盲目随大流，应该根据个人的性格、工作的性质、喜欢的生活方式等进行合理选择。

7. 工资待遇

工资待遇是劳动者的价值体现。一般学历越高、专业越热、学校名气越大的毕业生要求越高。毕业生的第一份工作是到用人单位学习东西，在短期内很难为用人单位创造效益，那么把自己看作一名学徒，只要有好的发展前景或者符合自己的职业兴趣，就不要太在乎待遇的高低。在自己的能力范围内找工作，并保持平和的心态，才可能尽快找到称心的工作。

8. 专业对口

“毕业后究竟该选择什么职业？”每个人的答案都不同。不少毕业生的回答是：专业对口是最重要的标准。事实上，大多数毕业生无论是自愿还是被动，都不再把专业与职业对口视作首要选择。超过 50% 的毕业生没有选择与自己所学专业相关的职业。当然最理想的情况是，所学的专业恰好与感兴趣的职业对口。

四、大学生职业生涯规划的注意事项

（一）注意大学生职业生涯规划的误区

1. 从众心理

科学研究表明，人都有从众心理。在大环境中，部分人在进行职业生涯规划时，选择的道路往往受到身边大多数人或者社会现象的影响。例如，因为周围很多同学都考研，于是自己也去考研；一个职位招聘，有可能自己心里愿意，可是听别人说不好，就放弃了。

2. 怀疑自己

在实施职业生涯规划的过程中，有的人总是抱有自己不够好的心理，一旦职位得到提升，就会怀疑自己的能力，认为比现有职位低一级的职位更适合自己，其实其本身已经具备现有职位所要求的能力素质了。过分怀疑自己的能力会让人做事畏首畏尾，在职业生涯前期可能影响不大，会给人谦虚、谨慎的印象，但是随着职业的发展，当本人担任中层以上管理者时，这种特质会影响本人的形象和能力的发挥，更有甚者会因为此项问题而影响职业发展，出现一旦达到某种职位就停滞不前的职业发展瓶颈。

3. 过分相信他人的意见

在选择职业方向时，过分相信他人的意见。例如，听信网上大部分人说学法律就业难，职业发展难度大，就放弃报考法律专业；听信职业前辈说本行业的问题与困难，就放弃进入此行业的想法；有专业权威人士特别看好某一工作的发展前景，便不考虑这份工作是否适合自己，一味坚持在此行业发展，等等。

4. 先入为主

过分拘泥于某一行业或者某一职业给自己留下的第一印象，根据这个印象进入或者放弃这一行业或者职业。例如，选择的职业是策划者最先接触的，而且策划者对进入这一职业的成果理想化，当又一种选择出现在策划者面前时，就会出现犹豫不决的现象。

5. 追求完美

部分人在工作中过分追求完美，同时也要求下属的工作必须达到自己的要求。这种人在制订职业生涯规划时目标过高，工作时间过长。在制订职业生涯规划时，也要注意调节工作、家庭与生活之间的关系，否则即使工作上达到一定的成就，没有扮演好父母、儿女等角色也是得不偿失的。

6. 安于现状

随着个人的职业发展，当其达到一定的职业地位和目标之后，就会安于现状，享受现在已取得的成绩。但世界是变化的，别人在前进，自己停在原地就意味着落后。如果不提高自己的能力，那么现在的安逸只是一时的。

（二）注重培养良好的成功心理素质

在一个人成功的因素里，智商占 20%，情商占 80%。每个人都渴望成功，但并非每个人都能够成功。为什么有的人能够如愿以偿，而有的人虽然作过一些努力，却总是事与愿违？原因固然有很多，但最基本的一点就在于是否具备成功者所特有的心理素质。当一个人在通向成功的道路上迈出第一步的时候，这种心理素质就起到了非常大的作用。

一个缺乏积极心态的人，不会为改变自身的现状而努力进取。一个自卑的人，不会充满自信地去迎接各种各样的挑战，也无法勇敢地去战胜挫折和磨难。一个没有热情的人，不会让自己的梦想和智慧像火一般熊熊燃烧，从而转化为成功的动力。一个听任命运摆布的人，更难以激发出自己的潜力和创新精神。具备一个成功者所应有的心理素质，是一个人走向成功的第一步。

（三）实施大学生职业生涯规划的行动计划

如果没有行动，计划就无毫无价值，目标也就失去了意义。没有行动的人只能是纸上谈兵，成不了大业。要使职业生涯规划变为现实，必须按照计划去行动。俗话说："心动不如行动。"只有行动，才能完成人生规划。

①保持正确心态，了解他人的专长，放下身段、虚心学习。

②培养业务素质。业务素质分成基础能力（基础知识、专业知识、实务知识和技能技巧）、业务能力（理解力、判断力、规划力、开发力、表达力、交涉力、协调力、指导力、监督力、统帅力、执行力等）、素质能力（智力素质、体力素质、性格、态度、自我价值观等），大学生要从这几个方面进行素质培养。

③开发潜能。大学生要参加培训、轮岗、构建人际关系网、进行业余课程学习等。此外，竞争机制和指导他人也能有效挖掘自己的潜在能力。

④善用学习渠道，不断地学习，向学习好的同学、有经验的前辈学习，利用信息平台、媒体和参加社团等提高自己的学习能力和水平。

⑤采取有效的方法，如善于向优秀者学习，定期检讨生涯规划，及时总结成功经验，养成良好的学习和工作习惯，学会坚持学习等。

（四）大学生职业生涯设计的10点忠告

忠告可以帮助大学生走向成功的幸福之路，而事业取得成功的过程实质就是不断战胜失败的过程。辅导员要用忠告启发大学生的潜能，让他们在面对选择时不感到迷茫。

①无论你现在或将来从事的职业是什么，切不可忘记对职业要负责这一点。

②要切记和谐融洽的人际关系非常重要。

③要优化你的交际技能。

④要善于发现变化并适应变化。

⑤要灵活。未来的工作者必须经常转换职业角色，这就是说只有善于灵活地从一个角色迅速转换到另一个角色，方能适应时代环境的变化。

⑥要善于使用新技术，如网络等。

⑦要舍得花钱、花时间去学习各种新知识。

⑧要摒弃各种错误观念，如从众心理等。

⑨选择就业单位前要多做摸底研究。

⑩要勇于探索，勇于进取，勇于创新。

第五节 大学生就业的指导者

一、大学生就业指导的内容与意义

大学生就业指导需要系统性和全面性，同时也要与国情和当代大学生的特点相结合。这意味着就业指导应该具有具体性，并且涵盖丰富的过程和内容。就目前的就业形势而言，其主要内容及意义体现在以下几个方面。

（一）大学生就业指导的主要内容

1. 就业政策及法律指导

国家每年都制定就业政策，这是指导大学生就业的基本依据，也是大学生就业指导的基础。这意味着高校就业工作人员应了解就业政策，并指导每位毕业生了解就业政策。

大学生需要密切关注国家、地方和学校出台的就业政策和具体实施方案，了解各行业和地区的就业情况，并熟悉毕业生就业的流程和手续。此外，还需要清楚政策允许和鼓励的就业方向，以及受政策限制的就业领域，并根据个人的优劣势加以分析和判断。这不仅可以让毕业生意识到自己的认识有一定的局限性，而且可以帮助他们根据实际情况和个人特点，在符合就业政策的范围内进行合适的职业选择。辅导员要帮助大学生了解国家劳动人事制度、劳动法、合同法等相关法律法规，了解与掌握有关劳动者的权利和义务，通过他们对这些知识的了解与掌握，教会他们用法律武器来保护自身权益。

2. 择业观指导

大学生要树立正确的择业观，这对大学生能就业、就好业非常重要。择业观是一个人的人生观、价值观在择业问题上的综合反映，是人们对择业目的、意义的根本看法，它决定着人们的择业方向。每一个大学毕业生在就业的过程中，都希望自己能获得一份可以较好地满足物质生活和精神生活需求的职业，这是一种自然的想法。但是大学生必须认识到，择业观如果脱离现实而一味地被拔高，就有可能导致择业的失败。也就是说，择业期望值将成为择业目标能否实现的关键。辅导员需要引导大学生将个人理想与社会需求相结合，以正确评估自身状况并建立正确的职业价值观。

3. 职业生涯规划指导

一个人的职业生涯指的是其在职业方面的经历，包括所有与职业有关的行为、活动、态度、价值观以及愿望等，并构成了其个人职业发展的连续性经历。在这个过程中，一个人会经历不同职位和职业的变化，不断追求和实现工作和理想。职业生涯是一个不断变化的过程，它不只关乎职业成功与否，每个人都经历着自己独特的职业发展历程。因此，辅导员在指导大学生就业时，应该以自我评估、环境分析、机会预测、目标确定、制定和修订行动方案等步骤为基础，并提供理论支持和实践指导，以帮助他们制订科学的职业发展计划，从而不作出盲目和随意的就业决策。

4. 就业信息指导

随着社会的前进与发展，人类社会进入了信息时代。在信息社会，信息就是第一生产要素，谁掌握了信息，谁就掌握了战斗的主动权和制胜的机会。就业信息是指用人单位发布的、择业者未知的、经过加工处理后对择业者具有一定价值的、客观存在的、有关就业的信息和情报。大学毕业生要成功地实现就业，不仅取决于个人的学业成绩、能力水平、综合素质及社会对人才的需求等因素，同时也与毕业生能否及时有效地获取就业信息密切相关。

5. 就业方法指导

在职场中找到理想的工作并不仅仅凭运气，而是需要掌握正确的求职方法和技巧。掌握这些技能和技巧，并将其熟练运用于求职过程中，直接影响大学生能否成功就业。通常情况下，那些正在寻找工作的大学毕业生在思想准备方面普遍存在问题，缺乏对各种具体求职技巧必要的认识。大学生就业指导的内容包括指导毕业生准备自荐材料、掌握自荐技巧、提高面试能力、遵循应聘礼仪等，以使毕业生能够在短时间内展示自己的优势和才华，吸引用人单位的注意。

6. 就业心理指导

心理素质的好坏对大学生能否顺利就业有很大影响。现代社会竞争压力大，激烈的竞争使大学生面临着巨大的心理压力。大学毕业生在面对就业竞争，需要做出职业决策时，常常会出现负面心理状态。为了帮助大学生更好地理解和处理就业心理问题，辅导员应当了解大学生的心理特点，并且指导他们识别心理问题的成因和表现，教授其心理调适方法，帮助他们减轻心理压力、解决心理问题，增强信心，形成健康的就业心理状态。

（二）大学生就业指导的意义

在我国的人力资源中，大学生是非常重要的一部分。他们是社会主义现代化建设的生力军，对于我国在21世纪实现跨越式发展十分重要。但是目前，随着高校毕业生就业制度的改革以及就业形势的变化，大学生找工作越来越难，就业形势变得越发严峻。面对此情况，为了解决大学生就业难的问题，高校积极引导大学生，并提供就业指导工作。这有助于大学生顺利就业、正确就业、成功创业，同时也成为实现全面发展的重要措施。

开展大学生就业指导有重要意义。

1. 有利于大学生择业

一个人的职业对于其生活方式选择有着很大的决定作用，影响他的个人成长和成功，以及对社会的贡献。选择职业是人生中至关重要的问题之一，它会直接影响个人的人生道路。如果没有处理好，人生道路上将会出现很多波折。所以，选择职业就是在选择未来成长发展的路线。若个人工作内容与其所热爱的领域或拥有的技能相符，则其将充满干劲，乐于工作，不断进步，在职业领域中展现自己的价值，最终达到成功。

2. 有利于个人职业及人生的发展

职业生涯的合理规划对大学生来说至关重要。就业指导课程的开设可以在很大程度上帮助大学生认识自我、认识环境、认识职业，可以有效地帮助大学生顺利就业，实现职业与人生的和谐发展，从而有利于个人职业及人生的发展。

3. 有利于促进大学生的学习和自我提高

在职场招聘中，用人单位更倾向于选择那些高素质的优秀学生，因此，毕业生在就业前的准备至关重要，高素质的毕业生更易于获得就业机会。这种激烈的就业竞争环境会激发大学生的学习热情并使大学生提高自我意识，激励他们持续不断地积累知识、技能和提高心理韧性，从而为未来的就业打下坚实的基础。社会对于品德高尚和具有坚实基础的复合型人才需求量很大。这吸引了大学生更加刻苦学习，振奋精神，为未来职业规划提前考虑，明确学习目标和职业发展方向。

4. 有利于社会人力资源的合理配置

当前的人才市场呈现出两大问题：大量毕业生难以找到工作；某些地区和单

位人才短缺。社会需要许多知识分子，但大量的知识分子却找不到合适的工作机会。所以，在市场经济条件下，如何有效利用人力资源已经成为我国当前所需着重解决的问题。就业指导能够为毕业生提供科学合理的就业指引，对行业形势进行剖析和对就业趋势进行预测，帮助毕业生掌握就业方向。

二、大学生就业形势分析

（一）就业形势现状

自新型冠状病毒肺炎疫情以来，全球经济都受到了影响。尽管中国已经恢复正常生产秩序，但由于全球经济一体化的影响，一些区域和领域仍旧存在明显的经济下行趋势。在这一背景下，许多企业开始裁员，导致招聘需求减少，中国的劳动力市场面临着极大的压力。由于我国人力资源结构的调整以及其他多种因素的影响，大学生就业形势非常严峻，就业压力巨大。

1. 大学生就业困难的原因分析

（1）社会原因

①就业形势严峻。目前我国正处于关键的经济转型时期。机构精简、结构调整、企业改制等导致传统的容纳大量毕业生的就业渠道容量减少。从另一个角度看，随着城镇劳动力和下岗待业人员的增多，加上高等院校扩招后毕业生人数增加，以及农村劳动力向城镇的大量流动，就业市场出现了多个高峰叠加的情况。因为当前严峻的就业形势，毕业生面临着极大的就业挑战。

②就业体制和就业市场体系还不够完善。大学生就业制度改革和劳动人事制度改革之间的协调还存在问题。在执行促进大学生就业有关政策和措施时，教育、劳动和人事等部门的协作还需要进一步加强，有些城市还存在政策上的限制，导致毕业生就业面临一定的挑战性。此外，就业市场没有有力的政策加以规范，尚未完全实现法制化，公平竞争的就业环境也有待进一步建立。就业需求信息和招聘活动的公开、公平程度仍有很大提升空间。社会上的不良风气对即将毕业的大学生的求职选择带来了负面的影响。

③社会整体劳动就业供求矛盾突出。近年来，我国社会劳动力供给整体呈现出城镇新增劳动力就业规模大的状况：农村劳动力转移规模大，下岗失业人员再就业规模大，劳动就业人口总量规模大。因此，城镇新增劳动力就业、农村劳动力转移和下岗失业人员无形中加剧了城市劳动力市场供大于求的紧张态势，给大学生就业带来了极为不利的影响。

(2) 学校教育原因

①高校人才培养的质量不能适应社会需求。在知识经济时代，更需要人才的全面发展，而当前我国高校所培养的人才有许多在综合能力上有所欠缺，专业素质也不过硬。

②就业指导不到位。如今，有些高校的学生就业规划教育仍然由就业指导中心负责。相较之下，就业指导中心的工作主要集中于培训毕业生的求职技能，或者邀请成功的校友来给学生分享经验。在职业规划教育方面，很少实行分层次、多元化和导师团制度等措施。此领域的师资短缺，教学内容缺乏专业性和系统性，也没有相应的课程和教材支持。因而，许多高校都面临着就业指导师资队伍不稳定，教师的素养有待提升的问题，导致职业规划教育难以实现专业化、专家化以及职业化的目标。

③社会实践不足。在大学期间，有些学生会花费大部分时间待在教室、宿舍，缺少多元化的社会经历。这些大学生无法积累社会实践经验，与社会脱节，缺乏对不同职业特点的认知。大学生缺乏在实践中提升自我、接受检验和成长的机会。

(3) 个人原因

求职心理准备不足。求职会受到心理准备因素的影响。如果不做好心理准备，盲目仓促求职面试，很容易导致心理偏差和心理障碍。求职心理准备不足主要表现在如下方面：首先，没有形成正确的自我认识，要么自视甚高、眼高手低，要么看轻自己、过于自卑。在择业求职时，一部分大学生不能保持稳定的心理，求职不顺就抑郁自卑，甚至自我放弃，不能以清醒、理性的目光看待求职结果。没有充分了解就业形式，部分大学生不够了解国家经济情况和就业市场，没有形成合理的就业观念，对于职位和薪资的期望不切实际；缺乏艰苦创业的意识和精神，部分大学生过于看重当下的薪资、社会地位等，没有艰苦奋斗的精神。

2. 严峻就业形势中的有利因素

尽管大学生就业的总体形势较为严峻，但是我们也不要悲观，应该看到不利之中还有许多有利因素。

第一，我国经济发展态势良好，为毕业生提供了较好的就业环境。虽然国际经济环境不景气，给我国经济造成了严重的冲击和影响，但由于我国政府采取了拉动内需、调整产业结构等积极而行之有效的经济政策，我国经济能够连续多年实现平稳快速增长。这样良好的国内经济环境为毕业生就业创造了许多有利条件。

第二，高校就业指导工作不断加强，学生的就业心态越来越好。经过多年的改革发展，毕业生就业工作在学校越来越受到重视，就业指导机构普遍得到充实和加强。以高校为基础的不同形式、不同规模的就业市场活动日趋规范，受到毕业生和用人单位的普遍欢迎。一方面，高校积极为毕业生开设就业指导课程，为毕业生顺利就业创造条件；另一方面，高校就业指导机构帮助毕业生认清形势，调整心态，及时转变观念，不断提高谋职、就业能力。辅导员要帮助学生树立“先就业、后择业”的观念，让他们相信“是金子总会发光的”，使其对自己的未来充满信心。

第三，毕业生综合素质的不断提高将有助于其顺利就业。近年来，各高校努力提高教学质量，加强对大学生综合素质的培训，使大学生整体素质有了明显的提高，其中大学生的心理素质、择业观念、自我推销能力、创造能力有了显著提高，这些都为大学生顺利就业提供了有利条件。政府近几年来出台了针对大学生就业与创业的各种优惠政策，积极鼓励大学生自主创业。

（二）就业形势走向

客观地分析当前大学毕业生的就业趋势，应当看到当前出现的就业难的问题是暂时的，是发展过程中必然会出现的问题，是前进中的问题，是可以逐步得到缓解和解决的问题。所以，辅导员要帮助大学生充分认识和全面把握今后一段时间的就业趋势，坚定其就业信心。

1. 社会总体对毕业生的需求大于供给

对于大学生就业难的问题，有人说其原因是大学生太多了。事实上，中国目前仍属于人才缺乏的国家。由于各行各业的各级各类单位都需要大学毕业生去补充科技管理干部队伍，提高职工文化素质及文化水平，因此，中国目前并不存在大学毕业生已经多得分配不出去的问题。

2. 我国宏观经济整体表现出良好态势

解决就业难的问题首先要靠经济发展。近几年来在全球经济普遍不景气的情况下，我国经济一直保持了较快增长的良好势头。在经济全球化时代，我国经济也必将快速增长，今后相当长的一段时间我国 GDP 的增长会保持在年均 7.2% 以上，经济的持续快速增长必将会对扩大就业产生强有力的拉动作用。特别是随着我国经济增长方式的转变和产业结构调整的不断推进，作为高素质人才的大学毕业生将会拥有更多的就业空间。

3. 非公有制经济单位对大学毕业生的需求急剧增加

党的十六大报告中指出：“必须毫不动摇地鼓励、支持和引导非公有制经济发展。”实践证明，中小企业是吸纳劳动力的最主要的渠道，许多国家 80% 以上的就业岗位都是由中小企业提供的。非公有制经济在我国国民经济领域中占有越来越大的比重，对大学毕业生的需求量也在急剧增加。目前，非公有制单位对人才的需求已超过了国有单位。如今已有许多非公有制单位到各高校招聘人才。

4. 高新技术企业对人才的需求增加

随着高新技术企业在我国的飞速发展，社会对高新技术人才的需求量必然大量增加，如计算机及应用、计算机网络、计算机软件、通信工程等专业人才在人才需求排序中名列前茅。另外，对无线电技术、电气工程及其自动化、数控技术及应用、焊接等专业人才的需求量也很大。各地各行业目前都在积极喜迎高新技术人才并提供各种优惠条件为其创造良好的工作和学习环境。这种日益浓厚的尊重知识、尊重人才的风气必然为毕业生就业带来更多的机遇。

5. 有关毕业生就业的政策陆续出台

解决毕业生就业问题除了靠经济发展，还要靠政策扶持。党和政府对大学生的就业工作高度重视，每年都根据不同的就业形势出台相应的就业政策和措施，对毕业生就业工作进行宏观指导、统筹安排。这些就业政策为指导、协调及安排毕业生就业提供了有力的保障，最大限度地保障了毕业生优先就业。

6. 就业指导取得可喜成绩，就业市场逐步规范

就业工作是一项系统工程，就业是生产发展的头等大事。目前各高校都已建立了大学生就业指导服务体系，并且不断地提升信息化就业的工作水平，构建为毕业生就业实行全方位服务的体系。高校毕业生就业市场也已逐步形成规模并走向成熟，“要工作找市场”已逐渐成为广大毕业生的共识。每年有 70%～80% 的毕业生是通过各类就业市场落实工作单位的。

三、培养大学生就业能力

为了应对高校毕业生就业压力逐年增大的挑战，高校就业指导部门正在逐渐转变教育理念，从有利于大学生长期全面发展、有利于培养有竞争力的青年公民、有利于高校深入有序开展素质教育的战略远见出发来开展工作。与此同时，应对大学生就业难题，一个必要的措施就是培养大学生就业能力，这不仅是高校的重要工作，对于大学生而言也需要其自身的努力。培养大学生就业能力，应当从就

业能力和专业能力两方面出发。

（一）就业能力的内涵、分类与特点

1. 就业能力的内涵

所谓能力指的是主导任务的完成同时对其效率有直接影响的个性心理特性。也就是说，只有在完成任务的过程中，在进行活动的过程中，人的能力才能够发挥和体现出来。就业能力这一概念至今没有学术上的统一定义，很多学者从自身研究的角度提出了自己的阐释：福古艾特（Fuguate）指出，就业能力是指个体于职业期间在组织的内外部获得职业机会的能力；英国教育与就业委员会(Department for Education and Employment，Bp DFEE）将之定义为获得和保持工作的能力，也就是个人在劳动力市场内通过充分的就业机会实现潜能的自信；奥佛顿（Overtoon）指出，就业能力并非某种特定的具体的工作能力，而是从横向上看和各个行业有关的，纵向上看和各个职位有关的能力。上述阐释存在分歧，但是都认可了就业能力是一种和职业有关的综合能力，综合体现了个体的适应性和灵活性，和能力本身有关。

对于就业能力是什么这一点，国内外的学者和社会组织都提出了不同的解释。如国际劳工组织认为，就业能力就是个体获得和保持工作、在工作中实现进步以及应对工作中的变化的能力。也有学者对大学生就业能力作出了阐释，认为其是大学毕业生通过大学的学习，积累知识，提升综合能力，从而获得理想的就业机会，适应社会需求，在社会中发挥能力、实现价值。本书中的大学生就业能力综合了上述观点，是大学生在大学教育中获得的知识、技能和适应劳动力市场变化的能力。其评估标准包括两方面：一是学生所具有的对知识的学习能力、生产能力；二是学生参与社会互动时调动社会资源的能力，就业能力进一步讲就是获得工作和保持工作的能力。

2. 就业能力的分类

美国培训与发展协会（ASTD）指出，就业能力包括 6 个类别共 16 项技能，即基本技能（读、写、计算）、沟通技能（说、听）、适应技能（解决问题、创造性思考）、自我发展技能（自尊、动力、目标设定和职业生涯规划）、群体交往技能（人际关系技能、团队工作能力和协调能力）、影响能力（理解组织文化、分享领导能力）。

瑞士联邦理工学院 ML 戈德斯密德教授的研究小组提出，大学生要想实现就业理想必须具备 5 种能力和素质：就业动机及优良的个人素质、人际关系技巧、

丰富的科学知识、有效的工作方法、敏锐广阔的视野。

我们认为就业能力可以大体分为专业能力和通用能力这两种能力，它们对大学生能否顺利就业起着至关重要的作用。

3. 就业能力的特点

大学生就业能力是一种综合能力，关系到大学生的职业选择和职业发展。从其本质上来讲具有三个方面的特征。

（1）主体性

就业能力是主体在寻求就业机会和职业发展过程中所表现出来的个体能力，充分体现了主体的知识结构、思维方式、工作技能等方面的特征。

（2）发展性

就业能力不是生来就有的，是建立在长时间的学习和成长中积累知识、学习技能、提高素质基础之上的，也是能够借助合适的方法、路径培养和发展的。

（3）综合性

就业能力并非某个单一方面的能力，而是一种全面的综合的能力，是个人素质和合作能力的综合，是知识和技能、技巧的综合，是专业知识技能和其他知识技能的综合。

（二）专业能力的培养

立足于本国的经济发展现状，立足于本国的劳动力市场情况，大学生顺利就业与否的主要影响因素依旧是专业知识和技能。很多研究显示，在大学生获取和保持好工作的过程中，专业知识技能作用极大，缺乏专业和知识技能应对不了较为复杂的或者有专业要求的工作，只能从事无需技能的简单劳动。可以说专业知识和技能为大学生将来的职业发展奠定了良好的基础。下面分别从培养专业兴趣、构建专业知识结构和提高专业技能三方面来讲述如何培养专业能力。

1. 培养专业兴趣

大学生频繁跳槽的重要原因之一就是选择职业时错把“兴趣”等同于“职业兴趣”。

（1）兴趣

兴趣指的是个体对于事物和活动的取向，是一种选择态度，其表现为对某一需求的情绪倾向。每个人都有自己的兴趣，或相同，或不同。喜欢美术的人观赏优秀画作时会心驰神往；喜欢计算机的人往往具有更加出色的计算机使用能力；喜欢下厨的人做的菜比一般人更加美味。这就是兴趣的力量，兴趣是不能强行转移的，喜欢音乐的人无法将自己的兴趣刻意转移到不喜欢的领域，这会使其感到苦闷。

（2）职业兴趣

职业兴趣指的是个体对某一职业的兴趣和喜爱程度，表现为对职业的选择态度。通常而言，个体的兴趣若是和某一职业所要求的工作能力相符合，就叫作职业兴趣。此时，人就会在工作中更为积极地发挥主观能动性，更具创造性，更能够发挥和发展智力和潜能，能够从他人眼中枯燥的工作中获得乐趣，进而具有更高的职业适应性，对工作更为满意，职业也更为稳定，最终工作绩效上升。反过来，没有职业兴趣的时候，如害怕社交的人从事销售职业，不仅内心会抗拒，缺乏工作热情，还会因为工作绩效差而加剧这种心态，对工作越发不满意，对自己的职业和人生道路感到迷茫，不仅工作不顺利，生活也会受到影响。

（3）专业兴趣

专业兴趣指的是个体对某专业的喜爱，表现为对专业的选择态度和情绪倾向。

①培养专业兴趣的途径。积极参加相关的专业兴趣小组、社团和学会。

②拓宽专业视野。充分利用图书馆、网络资源参加校内外举办的专业知识讲座，更广泛地了解专业理论的发展状况及国内外的最新研究成果，前沿理论总是更能给人带来新鲜感和刺激感，从而增强学生对专业学习的兴趣。

③在解决问题时使用自己的专业知识，增强心理满足感，强化专业兴趣。

2. 构建专业知识结构

知识结构是培养大学生就业能力的一个重要基础。什么是知识结构呢？作为一名大学生应该怎样建立和优化自己的知识结构？这些都是当代大学生应该关心的问题。

（1）知识结构的概念

知识结构指的是将知识内化于头脑中形成的知识体系，是个体将客观知识输入、存储在自己的头脑中，并加工后所形成的，和智力有关的多元素、多系列、多层级的动态综合体。知识结构不同，所具备的功能不同，所适合的职业工作也不同。在运用知识改造自然的过程中，知识结构好像一个转换器，知识是这个系统的输入或内存，它的输出功能多大、效益如何就要看这个转换器的结构如何。

（2）知识结构的模式

关于人才知识结构的模式，当前学界普遍认可的有三种。

①宝塔形知识结构。这种知识结构上窄下宽形似宝塔，从下到上分别为基本理论、基础知识，专业基础知识，专业知识，学科知识，学科前沿知识。由此可见，

具有这一知识结构模式的人才具有广博、深厚的基本理论和基础知识，以此为基础发展其他知识，专业知识和学科知识联通上下，使知识集中于主攻目标，能够迅速接通学科前沿。这种人才也是我国学校教育培养出的数量最多的人才类型。

②蜘蛛网形知识结构（复合型人才知识结构）。这一结构的中心是专业知识，向外延伸、连接其他临近专业的知识和与本专业知识相互作用较大的知识，形成网状。这种类型的人才的知识既广且深，是复合型人才，为众多用人单位欢迎，尤其是外资企业，这也是如今高校教育人才培养的重要转型方向。

③幕帘形知识结构。这指的是某个社会组织对内部成员的知识结构存在总体要求，但是内部成员个体之间由于位于不同的层次，知识结构的具体要求也有所不同。

（3）构架专业知识结构的方法

教育必须是与时俱进的，当下的高校人才培养中重视的是对学生的适应科技发展总趋势能力的培养，培养出的人才要具备核心竞争力，知识面广博，且专业知识储备足。大学生也需要积极建立自身专业知识结构，跟上时代发展和社会需要。

①培养和增强对专业的兴趣。兴趣在学习中作用独特，个体会更先和更多地关注自己感兴趣的领域，在其中投入更多，并乐此不疲，学习、探索感兴趣的知识，会表现出积极、自觉等正面态度和情绪，要重视积极期望，要重视目标意识，要重点强化成就感、满足感，培养直接学习兴趣，要以解决问题为途径强化兴趣。

②重视课堂学习。大学生的学习主要是在课堂上，这是最主要的且十分高效的专业知识学习途径。

③不断拓展和优化知识结构。个体的知识结构是处于动态发展之中的，受到形势变化、新的经历经验、教育环境变化等影响，个体的专业知识得以补充和更新。

④提升实践能力。实践是验证知识和内化知识的最佳途径，只有将专业知识转化为实践能力，才能够在工作中发挥作用。

（4）优化专业知识结构的途径

当代大学生必须与时俱进，不断适应科技的新发展。为增强自身的核心竞争力，大学生要通过多种途径，优化自己的专业知识结构。

①形成构成自己知识结构的核心。大学教育不再停留于通识教育，更侧重于专业知识和技能的教学、专业人才的培养，是定向教育，各专业有各自的必修课、选修课。这些课程传授的知识就是大学生知识结构的核心，而核心并不意味着全

部。为了构建完善的知识结构，不仅要构建核心知识结构，还需要学习和积累其他外层的知识，如不管何种专业，大学生都要学习哲学、历史、文学等知识，形成正确的“三观”，增强自己的社会责任感，培养高尚道德。对这些知识的学习有助于工作中核心知识的最大化发挥，

②生活性知识对构建核心知识结构起辅助作用。不少大学生具有深厚的专业知识和较高的专业技能，但是生活技能差，不善交际，不善合作，所以工作不顺利。他们没有意识到，这些看似简单无用的知识会影响自己的长远发展。有了核心知识又有了核心之外的诸层次的知识，还不能说此人已经形成了完整的知识结构，我们需要让这些知识在头脑中表现出整体相关的一致性。一个人掌握的知识越多，对知识间的相关性就理解得越深，运用得就越好，越灵活。

③使自己的知识结构处于一种不断的动态调节状态。量变引发质变，知识积累所引发的质变能够促进大学生的成长、成才。然而知识的积累是没有尽头的，即使已经成才，也需要面向新目标，不断调节自己的知识结构。

3. 提高专业技能的途径

（1）提高专业技能，培养核心竞争力

①树立牢固的专业思想。专业思想的牢固树立是大学生学专业、爱专业并为之奋斗终生的基石。学校应该把对大学生的专业思想教育当作一项重要工作来抓，并使其贯穿于学校各项工作和学生生活中，渗透到各科教学中去。

②学好专业知识，打好技能基础。专业技能的形成离不开文化课和专业理论课这两个基础。要正确处理好文化课与专业课、专业课与实际运用的关系。文化课必须服务于专业课，专业课又必须与生产实际相一致。要让学生多练习，努力培养学生分析问题和解决问题的能力。

③强化技能训练，广泛参与专业技能大赛及相关活动。知识的转化需要实践，实际操作是提高专业技能的重要途径。

（2）相关技能考试及证书

目前，国家有关部门陆续开始在全国范围内开展专业技术资格考试，作为专业技术人员评聘专业技术职务和执业的条件。相关技能考试对深化职称改革、提高专业技术队伍的素质、促进人才合理流动起到了积极的作用。拥有相关专业技术资格已成为当今求职择业的有利条件之一。

（3）参加各项实践活动，提高实际操作能力

大学生就业能力的培养要求学生具有一定的主观能动性。作为21世纪的新一代，大学生必须积极主动地去寻找实践机会，寻求各种可能的途径来增强自己

的实际操作能力。大学生要积极参与学校社团活动，增强沟通能力及适应能力；积极寻找社会工作机会，培养人际沟通技巧；拓展知识面，提高表达能力；加强沟通，提高交往能力；迎接挑战，抓住机遇，提高组织能力。

四、大学生就业前的准备

就业形势逼人，学生之间的竞争压力也非常大。成功永远属于有准备的人。辅导员要引导大学生做好就业前的准备，主要从心态准备、目标准备、材料准备三个方面来进行。

（一）心态准备

面对就业，大学生的心理是复杂多变的。通过几年的大学生活，大学生在知识、能力与人格方面有了积极显著的进步，有着强烈的就业意愿和积极的就业动机，为能尽快实现自己的人生价值而感到由衷的高兴，而就业岗位和就业方式的多样化也为大学生就业提供了更多的机遇和更大的挑战。许多大学生都摩拳擦掌、跃跃欲试，准备在所学专业领域一展身手，但是在就业过程中又难免出现种种心理矛盾、心理误区和心理障碍。

1. 培养正确的求职心理素质

（1）敢于竞争

现代社会，到处存在着竞争与合作。合作的力量是巨大的，但如若离开了竞争，无论是谁都将丧失赖以生存和发展的动力。竞争从本质上来讲是指人们为获得自身利益和发展所进行的争夺、较量或竞赛。竞争的结果是优胜劣汰。正如达尔文所说的：“物竞天择，适者生存。”

21 世纪是一个充满竞争的时代，大到国与国之间的对抗，小到人与人之间的竞争，竞争无处不在。竞争冲击着人们的事业和生活，冲击着人们的意识和思想，在求职择业上也是如此。大学生强化择业的竞争意识，要在正确自我评价的基础上充分相信自己的实力，敢于通过竞争去达到理想的目标。

（2）善于竞争

大学生想在求职与择业中取得成功，光敢于竞争还不够，还必须善于竞争。善于竞争要具备良好的心理品质、强大的实力和良好的竞技状态。实力主要是指智力和技能，这是参与竞争的资本。良好的竞技状态是在竞争中获胜的重要因素，它主要包括意志的培养和锻炼、注意力的适时集中、克服焦虑和波动以及控制情绪等。同时，在求职择业的竞争中，辅导员要善于提醒大学生注意两点：一方面是期望值要适当；另一方面是临场时情绪一定要稳定，以平常心参加面试。

2. 正确面对挫折

人生的道路曲折而漫长，在人的一生中充满着成功与失败、顺境与逆境、幸福与不幸等矛盾。古今中外所有的杰出人物，没有一个是一帆风顺地走向成功的。在失败和不幸面前，他们无不是选择了发愤图强，奋起与人生的逆境抗争，做生活的强者，通过艰苦奋斗，最终走向成功。大学生在求职择业中遇到挫折是正常的，不能因此而自暴自弃。一个心理健康的人对人生总保持着自信心。人一旦丧失了自信就失去了开拓新生活的勇气。

当大学生遇到挫折时，辅导员要教会学生如何应对，帮助他们分析失利的原因，使其调整好心态与目标，争取新的机会。

（二）目标准备

确立就业目标是维护良好就业心理的第一步，也是关键的一步。确立就业目标要注意两个方面：一是正确认识自我，即认真、客观地分析自己的兴趣特长、性格气质、能力水平等，检查自己想干什么、能干什么、竞争力如何。二是正确认识就业形势，即考虑自己的专业和理想职业在社会上的需求量如何，竞争强度如何，自己的理想职业与自己所学的专业是否相符，如果不符该如何弥补，求职单位对求职者有何具体要求等。综合考虑以上因素确立就业目标就比较符合实际，可以避免大学生产生过高的心理预期。

当前用人单位通常都需要有经验的人、有潜力的人、忠诚的人和敬业的人。对求职者而言，必须清楚用人单位的要求，明白自身存在的不足，扬长避短，趋利避害，设计一个适合自己的求职方案，只有这样才能成功。大学生一旦确定了适合自己的目标，就会充满自信，并按照自己设定的目标前行。

（三）材料准备

就业材料的准备包括求职信、简历及相关证书。

1. 求职信

求职信可以展现求职者的长处，能够增加求职者获得面试的机会。只有能体现个人聪明才智的求职信才能帮助求职者顺利地谋求一份理想的工作。求职信也是交际的一种形式，它可以反映出一个人的专业水平。辅导员要教会大学生采取换位思考的方法，通过分析用人单位提出的要求了解他们的需要，然后有针对性地向他们提供自己的背景资料，展现自己独到的智慧与才干，让用人单位做出对学生个人有利的决定。

2. 简历

简历是求职者向用人单位介绍自己、推销自己的专门工具，是通向面试的第一步。简历是求职者和用人单位沟通的重要通道，是招聘人员了解求职者情况的重要途径和方式，它对求职者是否能进入面试起着决定性的作用。辅导员要提醒大学生，在制作简历时要记住是在推销自己。作为毕业生，应该通过简历让用人单位感到自己对未来职业生涯的充分准备。有针对性的内容和规范的格式都是求职者制作简历时所必须注意的。

3. 相关证书

大学生在校期间，要努力争取获得一些证书，并将其妥善保管好。

(1) 全国计算机等级证书

全国计算机等级考试由教育部教育考试院主办，一共有四级考试，科目包括一级、一级 B、二级 QBASIC、二级 FORTRAN、二级 C、二级 FOXPRO、二级 VISUALBASIC、二级 VISUALFOXPRO、三级 PC 技术、三级信息管理技术、三级网络技术、三级数据库技术等。此类证书是判断学生计算机水平最为有力的证明，曾作为学生毕业的必要条件之一。

(2) 大学英语四、六级证书

大学英语四、六级考试是由教育部组织的全国性、标准化的考试。考试主要面向在校本科生或研究生。其中，大学英语四、六级笔试获得优异成绩的学生还可以参加大学英语四、六级口语考试。大学英语四、六级口语考试用于测试大学生运用英语进行口头交际的能力，该证书一直是用人单位衡量应聘大学生英语水平的一项重要依据。

(3) 托福（TOEFL）、雅思（IELTS）成绩证书

托福由美国教育测验服务社举办，是留学美国的必备考试。托福分为阅读、听力、口语及写作四部分，是大学生留学美国、加拿大等国家必过的语言门槛。此外，很多美资企业在招聘大学生时对托福成绩颇为看重。

雅思（IELTS）由英国剑桥大学考试委员会、澳大利亚高校国际开发署及英国文化委员会共同举办，是专为准备进入英文教学院校深造者设立的英语水平测试。这是大学生留学英国等国家必过的语言门槛。同时在求职外企时，雅思成绩也能够证明自己的英语水平。

(4) 微软认证系统管理员（MCSA）证书

MCSA 考试内容主要涉及对网络系统的管理和维护，Microsoft Windows

Server 2003 环境和网络架构，安装、配置和管理 Microsoft Windows 2000 Professional ，安装、配置和管理 Windows SQL Servers 企业版。由于 Windows 操作系统的垄断地位，几乎每个从事网络系统管理的人员都必须参加微软相关认证。

（5）全国计算机技术与软件专业技术资格（水平）证书

全国计算机技术与软件专业技术资格（水平）考试由人力资源和社会保障部以及工业和信息化部合作开发，属于国家级考试。因此该证书获得了用人单位的广泛认同。

（6）职业资格证书

职业资格证书主要是劳动就业制度的一项重要内容，代表持证者符合国家制定的职业技能标准或具备任职资格条件。对于应届毕业生来说，拿到与自己专业相关的资格证书对求职是非常有帮助的。

（7）各级荣誉和证书

各级荣誉和证书主要是指大学生在学校所获得的奖学金、三好学生、优秀干部、优秀党员、优秀团员、优秀毕业生证书以及各级竞赛活动获奖证书等。这些都是证明大学生个人素质的证书，在一定程度上展示了大学生的团队精神、工作能力和未来的发展潜力。

（8）就业推荐表、成绩单及其他资料

在找工作的过程中，正规的校园招聘过程和入职过程都会用到就业推荐表，以及学校或院系盖章的个人成绩单等资料。这些资料在求职过程中是必需的。

参考文献

[1] 夏吉莉．高校辅导员核心职业能力研究 [M]. 昆明：云南大学出版社，2020.

[2] 陈静．高校辅导员工作谈话中的身份选择研究 [M]. 南京：南京大学出版社，2020.

[3] 程树武．高校辅导员工作机制研究 [M]. 南昌：江西高校出版社，2020.

[4] 李旭，邵昌玉，郑涵予．大学生心理健康与积极成长 [M]. 重庆：重庆大学出版社，2018.

[5] 柏杨．改革开放以来高校辅导员队伍建设研究 [M]. 成都：西南交通大学出版社，2018.

[6] 黎红友．新时期高校辅导员教育管理工作精细化探析 [M]. 成都：四川大学出版社，2016.

[7] 贝静红．高校辅导员队伍专业化发展研究 [M]. 武汉：武汉大学出版社，2016.

[8] 于涛，阿不都卡迪尔・艾海提．大学生心理发展与教育 [M]. 北京：人民邮电出版社，2015.

[9] 孙于贝妮．高校辅导员管理工作方法对策分析 [J]. 公关世界，2023（5）：120–121.

[10] 赵秀娟，张明志．论高校辅导员职业价值的逻辑意蕴与实践观照 [J]. 思想教育研究，2023（3）：133–138.

[11] 黄小萍．新时代高校辅导员队伍专业化职业化建设的思考 [J]. 天津职业院校联合学报，2023，25（3）：12–15.

[12] 耿丽娟．新媒体时代高校辅导员的工作创新路径探究 [J]. 新闻研究导刊，2023，14（6）：184–186.

[13] 梁艳霞．新时代民办高校辅导员与思政教师协同育人的路径研究 [J]. 湖北开放职业学院学报，2023，36（5）：110−112.
[14] 张龙华，杨春艳．高校辅导员思想政治教育“进宿舍”的价值、困境与优化 [J]. 内蒙古师范大学学报（教育科学版），2023，36（1）：47−52.
[15] 鲁潍，王茜，王玉苹．新时代高校辅导员学生管理工作路径研究 [J]. 数据，2023（2）：153−154.
[16] 马晓衡，陈勇．高校辅导员网络思维及其培养 [J]. 天津中德应用技术大学学报，2023（1）：72−76.
[17] 唐志凤．高校辅导员科研能力提升：目标、梗阻及进路 [J]. 无锡职业技术学院学报，2023，22（1）：65−68.
[18] 平雪花．高校辅导员运用网络强化学生管理的实践研究 [J]. 数据，2023（1）：169−170.
[19] 陈晓晶．专业化发展视域下高校辅导员工作室培育与优化的四重维度 [J]. 成都中医药大学学报（教育科学版），2022，24（4）：86−89.
[20] 吴敏，徐春燕．高校辅导员职业核心素养构成要素分析及培育途径 [J]. 现代商贸工业，2022，43（22）：131−132.
[21] 林辉．高校辅导员素质能力提升的精准赋能探微 [J]. 锦州医科大学学报（社会科学版），2022，20（5）：70−72.
[22] 张蓝月．高校辅导员工作育人体系构建研究 [D]. 重庆：西南大学，2020.
[23] 穆帆．以大数据推动高校辅导员工作优势发挥研究 [D]. 武汉：华中师范大学，2020.
[24] 徐峰．高职辅导员职业能力评价与提升策略研究 [D]. 上海：华东师范大学，2022.
[25] 廖梁红．新时代理工科高校辅导员队伍专业化建设研究 [D]. 西安：西安理工大学，2023.
[26] 李罗嘉．基于职业发展的高校辅导员职业认同研究 [D]. 昆明：云南财经大学，2022.
[27] 刘力为．高等职业学校辅导员胜任力模型构建与提升策略研究 [D]. 长春：东北师范大学，2022.

[28] 赵亚平．行业特色高校辅导员职业承诺的现状及强化路径研究 [D]. 徐州：中国矿业大学，2023.

[29] 苗士光．新时代民办高校辅导员队伍建设问题与优化对策研究 [D]. 南昌：江西财经大学，2022.

[30] 王馨．高校辅导员管理育人研究 [D]. 上海：华东政法大学，2023.